John Dominic Crossan
Was Jesus wirklich lehrte

John Dominic Crossan

Was Jesus wirklich lehrte

Die authentischen Worte
des historischen Jesus

*Aus dem Englischen von
Peter Hahlbrock*

Verlag C. H. Beck München

*Meinen Kollegen am Department of Religious Studies,
DePaul University, Chicago*

Der Übersetzung liegen folgende Ausgaben zugrunde:
*John Dominic Crossan: The Essential Jesus.
Original Sayings and Earliest Images.
Harper San Francisco 1994* (Hardcover)
und *John Dominic Crossan: The Essential Jesus.
What Jesus Really Taught.
Harper San Francisco 1995* (Paperback)

Die Deutsche Bibliothek – CIP-Einheitsaufnahme

Was Jesus wirklich lehrte: die authentischen Worte des
historischen Jesus / John Dominic Crossan. Aus dem Engl.
von Peter Hahlbrock. – München : Beck, 1997
  Einheitssacht.; The essential Jesus ⟨dt.⟩
  ISBN 3 406 41918 6
NE: Crossan, John Dominic; Hahlbrock, Peter [Übers.]; EST

Mit 26 Abbildungen

ISBN 3 406 41918 6

Umschlagabbildung: Fresko, Santi Pietro e Marcellino,
Rom (Held, Ecublens)
Umschlaggestaltung: Fritz Lüdtke, München
© C. H. Beck'sche Verlagsbuchhandlung (Oscar Beck), München 1997
Satz: Fotosatz Janß, Pfungstadt
Druck und Bindung: Freiburger Graphische Betriebe
Gedruckt auf säurefreiem, alterungsbeständigem Papier
(hergestellt aus chlorfrei gebleichtem Zellstoff)
Printed in Germany

INHALT

Prolog
Seite 7

I. Zusammenhänge
Seite 11

II. Texte und Bilder
Seite 43

III. Anmerkungen zu den Texten
Seite 163

IV. Verzeichnis der Bilder
Seite 205

Quellen
Seite 241

Prolog

«Man sieht gewisse wilde Tiere, männliche und weibliche, über das Land verstreut, schwarz, fahl und ganz sonnenverbrannt, an die Erde gefesselt, die sie durchwühlen und umgraben mit unbesieglicher Hartnäckigkeit; sie haben so etwas wie eine artikulierte Stimme, und wenn sie sich auf ihre Füße erheben, zeigen sie ein menschliches Gesicht, und wirklich sind sie Menschen. Sie ziehen sich zur Nacht in Höhlen zurück, wo sie von schwarzem Brot, Wasser und Wurzeln leben; sie ersparen den anderen Menschen die Mühe zu säen, zu pflügen und zu ernten zum Leben und verdienen also, daß es ihnen an dem Brot, das sie gesät haben, nicht mangele.»

La Bruyère, *Les Caractères; De l'Homme*, 1694 (zit. bei Hobsbawm, *Journal of Peasant Studies*, Bd. 1, 1973)

«... Das große Rom
ist voll von Triumphbögen. Wer errichtete sie?
Über wen triumphierten die Cäsaren?
...
Caesar schlug die Gallier.
Hatte er nicht wenigstens einen Koch bei sich?
...
Jede Seite ein Sieg.
Wer kochte den Siegesschmaus?
Alle zehn Jahre ein großer Mann.
Wer bezahlte die Spesen?
So viele Berichte.
So viele Fragen.»

Bertolt Brecht, *Fragen eines lesenden Arbeiters*

Selbst wenn während des ersten Jahrhunderts nach seinem Tode kein Christ über Jesus geschrieben hätte, blieben uns aus dieser Zeit doch noch immer zwei kurzgefaßte Berichte über sein Wirken in den Werken zweier Autoren, die nicht zu seinen Anhängern gerechnet werden können. Der ältere dieser Berichte, verfaßt im letzten Jahrzehnt des 1. Jahrhunderts der christlichen Ära, steht im 18. Buch (18,63) der *Jüdischen Altertümer* des jüdischen Geschichtsschreibers Flavius Josephus (hier in der deutschen Übersetzung von H. Clementz, 1901):

«Um diese Zeit lebte Jesus, ein weiser Mensch ... Er war nämlich der Vollbringer ganz unglaublicher Thaten und der Lehrer aller Menschen, die mit Freuden die Wahrheit aufnahmen. So zog er viele Juden und auch viele Heiden an sich ... Und obgleich ihn Pilatus auf Betreiben der Vornehmsten unseres Volkes zum Kreuzestod verurteilte, wurden doch seine früheren Anhänger ihm nicht untreu ... Und noch bis auf den heutigen Tag besteht das Volk der Christen, die sich nach ihm nennen, fort.»

Die Darstellung ist bemüht neutral und höchstens verhalten kritisch (hinsichtlich des Verfahrens «der Vornehmsten unseres Volkes»). Die christlichen Herausgeber, die uns den Text überliefert haben, haben ihn zwar durch gewisse Interpolationen in ihrem Sinne eindeutiger zu formulieren versucht, doch ich habe nur zitiert, was ich für die ursprüngliche Aussage des jüdischen Historikers halte.

Den zweiten Bericht finden wir im 15. Buch (15,44) der *Annalen* des heidnischen Geschichtsschreibers Cornelius Tacitus, die während der ersten Jahrzehnte des folgenden Jahrhunderts verfaßt wurden. Tacitus erwähnt dort die Gerüchte, die Nero verdächtigten, den großen Brand, der seinerzeit (im Jahre 64 n. Chr.) Rom verwüstete, selbst gelegt zu haben, und fährt dann fort (in der Übersetzung von W. Bötticher, 1831):

«Um daher diesem Gerede ein Ende zu machen, gab Nero denen, die, durch Schandthaten verhaßt, das Volk Christen nannte, die Schuld und belegte die mit den ausgesuchtesten Strafen. Der, von welchem dieser Name ausgegangen, Christus, war unter der Regierung des Tiberius vom Prokurator Pontius Pilatus hingerichtet worden, und der für den Augenblick unterdrückte verderbliche Aberglaube brach nicht nur in Judäa, dem Vaterlande dieses Unwesens, sondern auch in Rom, wo von allen Seiten alle nur denkbaren Greuel und Abscheulichkeiten zusammenfließen, wieder aus.»

Ungeachtet der unterschiedlichen Haltung, die der Ton ihrer Berichterstattung verrät – wo Josephus um unparteiische Sachlichkeit bemüht scheint, macht Tacitus aus seiner Verachtung des «verderblichen Aberglaubens» der Christen keinen Hehl –, stimmen die beiden Historiker doch in drei grundlegenden Sachverhalten überein. Erstens darin, daß es in Verbindung mit Jesus irgendeine Bewegung gab. Zweitens darin, daß er von Staats wegen hingerichtet wurde, mutmaßlich in der Absicht, die Bewegung aufzuhalten. Und drittens darin, daß diese Bewegung damit nicht aufzuhalten war, sondern sich im Gegenteil nach seinem Tode weiter ausbreitete.

Es bleiben also diese drei Tatsachen: Bewegung, Hinrichtung, Fortsetzung. Doch die Fortsetzung ist die größte unter ihnen.

I. ZUSAMMENHÄNGE

«Wir wollen, daß jeder arbeitet, wie wir arbeiten. Es sollte nicht länger Reiche und Arme geben. Alle sollten Brot für sich und ihre Kinder haben. Wir sollten alle gleich sein. Ich habe fünf kleine Kinder und nur ein kleines Zimmer, wo wir essen und schlafen und alles machen müssen, und so viele Herrschaften haben zehn oder zwölf Zimmer, ganze Paläste ... Es würde genügen, alles gemeinschaftlich zu machen und gerecht zu teilen, was produziert wird.»

Ungenannte Bäuerin aus Piana dei Greci in der Provinz Palermo während eines Bauernaufstands im Jahre 1893 im Gespräch mit einem Zeitungskorrespondenten aus Oberitalien (zit. bei Hobsbawm, *Primitive Rebels*, 1965, S. 183)

«Im Herzen der mediterranen Geschichte wirken diese Zwänge: die Armut, die Ungewißheit des morgigen Tages.»

Fernand Braudel, *La Méditerrannée et le Monde Méditerranéen à l'époque de Philippe II.*, 2. Aufl., Paris 1966, Bd. 1, S. 224

«Unter den beengten Verhältnissen der mediterranen alten Welt mußte das Himmelreich notwendig etwas mit Essen und Trinken zu tun haben.»

Peter Brown, Response to «The Problem of Miraculous Feedings in the Graeco-Roman World», by Robert M. Grant, in: Protocol of the Forty-second Colloquy (14. März 1982), Center for Hermeneutical Studies in Hellenistic and Modern Culture, Berkeley 1982, S. 22

Was ist wesentlich an Jesus?

Will man von dem, was an Jesus «wesentlich» ist, sprechen, muß man zuvor zwei Fragen beantworten. Zunächst die, ob vom kanonischen oder vom historischen Jesus die Rede sein soll. Der kanonische Jesus ist die Gestalt, von welcher die vier Evangelien des Neuen Testaments der christlichen Kirchen handeln. «Wesentlich» könnte man also allein jenen Jesus finden, den die von den Kirchen anerkannten Evangelien darstellen. Ich bezeichne dagegen als den «wesentlichen» Jesus nicht denjenigen, der zwischen vierzig und sechzig Jahren nach seinem Tode von christlichen Evangelisten beschrieben wurde, sondern vielmehr den, den man zu seinen Lebzeiten in Niedergaliläa hätte treffen können. Die gleichen Worte und Taten dieses historischen Jesus sind von verschiedenen Beobachtern sehr unterschiedlich beurteilt worden:

> Er ist gefährlich, leisten wir ihm Widerstand!
> Er ist verbrecherisch, richten wir ihn hin!
> Er ist göttlich, folgen wir ihm!

Man wird dem historischen Jesus nur gerecht, wenn man jedes dieser unterschiedlichen Urteile zu erklären vermag.

Der «wesentliche» Jesus dieses Buches wird also nicht der kanonische, sondern der historische Jesus sein. Ich werde mich deshalb nicht darauf beschränken, neue Übersetzungen der bekanntesten Sprüche Jesu aus den vier Evangelien des Neuen Testaments vorzulegen. Statt dessen will ich diejenigen Worte wiedergeben, die meines Erachtens seine Zeitgenossen aus seinem Munde gehört haben. Die Kriterien meiner Auswahl habe ich bereits in zwei früheren Büchern dargelegt[1], so daß das vorliegende eine Trilogie über den historischen Jesus zum Abschluß bringt.

Die zweite Frage ist nicht weniger gewichtig als die erste. Ist der «wesentliche» Jesus in bloßen Worten zu finden, in Worten ohne Taten, Ideen ohne Handlung, Visionen ohne konkretes Programm? Man stelle sich vor, man will ein Buch über den «wesentlichen» Gandhi oder den «wesentlichen» Martin Luther King Jr. zusammenstellen. Wäre es dazu ausreichend, eine geschickte Auswahl aus ihren Reden zusammenzustellen und von ihren Taten abzusehen? Würde man ihnen mit einem solchen Verfahren nicht das Wesentlichste verweigern, nämlich ihre Verbindung von Vision *und* Programm, Leben *und* Tod? Ebenso verhält es sich mit dem historischen Jesus. Er hatte einen religiösen Traum *und* ein soziales Programm, und getötet wurde er wegen der Verbindung, die er zwischen beiden herstellte. Das Römische Reich mag mit seiner Macht viel Mißbrauch getrieben haben, es hat sie aber nur selten verschwendet. Lehrer oder Philosophen wurden nicht gekreuzigt. Gewöhnlich wurden Mißliebige nur zeitweilig oder auf Dauer aus Rom verbannt. Wenn Jesus lediglich Ideen gehabt und Worte gemacht hätte, hätten ihn die Römer wahrscheinlich gar nicht zur Kenntnis genommen, und wir würden heute kaum noch von ihm reden. Doch seine Königreich-Bewegung mit ihren Heilungen und Dämonenaustreibungen war Tätigkeit und Praxis, nicht nur Denken und Theorie. Aber wie kann man eine Handlungsanweisung in einem Buch *anschaulich* machen? Nun, natürlich kann man die Worte wiedergeben, mit denen Jesus sein Programm beschreibt und Anleitungen zu dessen Verwirklichung gibt. Nur bleibt man da-

---

[1] *The Historical Jesus: The Life of a Mediterranean Jewish Peasant*, San Francisco 1991, deutsch: *Der historische Jesus*, München 1994; *Jesus: A Revolutionary Biography*, San Francisco 1994, deutsch: *Jesus. Ein revolutionäres Leben*, München 1996.

durch auch weiterhin in Worten und Texten befangen. Um zu sehen, wie ein Programm in Aktion gesetzt wird, braucht man Bilder, am besten natürlich über Satellit direkt vom Ort des Geschehens übertragen! Da es jedoch keine Videoaufzeichnungen aus dem antiken Galiläa gibt, habe ich meine Zuflucht zu den Bildern genommen, die man neben den Texten dieses Buchs reproduziert sieht. Bei diesen Bildern handelt es sich also keineswegs um bloßen Buchschmuck. Sie sind vielmehr die ältesten Darstellungen der praktischen Umsetzung der Lehren Jesu und damit ein unverzichtbares Gegenstück zur Übersetzung seiner Worte. Und so will dieses Buch das, was an Jesus wesentlich ist, zugleich in seinen Worten wie in seinen Werken darstellen.

Das Zeitalter des augusteischen Friedens

Die römische Welt war diejenige eines Agrarimperiums, in dem die bäuerliche Mehrheit der Bevölkerung sich mit ihrer Hände Arbeit kaum das Lebensnotwendige verschaffen konnte, doch politischen und religiösen Eliten einen für den gemeinen Mann nahezu unvorstellbaren Luxus ermöglichte. Unter den damaligen Verhältnissen waren die Bauern Gegenstand systematischer Ausbeutung. Jene große Mehrheit der Gesellschaft, die die Nahrung produzierte, auf die jeder angewiesen war und von der alles abhing, wurde konsequent aller Überschüsse beraubt, so daß diese nur einer kleinen Minderheit zugute kamen, während die Masse bestenfalls nur eben das Leben fristen konnte. Solche Verhältnisse waren in der alten Welt die Regel. Doch war das Römische Reich schon kein herkömmliches Agrarimperium mehr, sondern bereits stark kommerzialisiert. Das hatte zur Folge, daß die jüdischen Bauern in erhöhtem Maße in die Verschuldung gedrängt und von ihrem Land vertrieben wurden, da im Rahmen der vom Handel bestimmten römischen Wirtschaftsordnung das Land nicht länger als ein unveräußerliches Erbe betrachtet wurde, sondern als Gegenstand unternehmerischer Ausbeutung um kurzfristig zu erzielender Profite willen. In herkömmlich verfaßten Agrarimperien drängen sich unternehmerische Interessen, wenn überhaupt, dann nur in geringem Maße zwischen die der ausgebeuteten Bauern und des ausbeutenden Adels. Die Lage ist unter diesen Umständen, wo der Bauer produziert und der Edelmann nimmt, nahezu statisch. Der Prozeß der Ausbeutung scheint einem unveränderlichen Naturgesetz zu folgen. Natürlich versuchen sich die Bauern der Ausbeutung zu widersetzen, gerade so, wie sie auch anderem, letztlich unabwendbarem Mißgeschick – Stürmen, Überschwemmungen, Seuchen – nach Kräften Widerstand leisten. Wenn ihnen die Kommerzialisierung der Landwirtschaft aber selbst das Recht auf das zwar hoch besteuerte, doch unveräußerlich in Familienbesitz bleibende Stück Land abspricht, wenn die Bauern begriffen haben, daß die Verhältnisse noch schlechter werden können, als sie schon waren, beginnen sie, darüber nachzudenken, wie sie sich vielleicht auch verbessern ließen, und sogar utopische ideale Verhältnisse ins Auge zu fassen. In dem Maße, in dem Kommerzialisierung oder gar Industrialisierung die Existenzbedingungen eines aristokratisch beherrschten Agrarimperiums verändern, werden auch die Voraussetzungen für politische Rebellion und soziale Revolution geschaffen. Genau das war aber die Lage in der mittelmeerischen Welt des 1. nachchristlichen Jahrhunderts, nachdem aus dem Bürgerkrieg, in dem zuerst Julius Caesar gegen Pompeius, dann Octavian gegen Antonius gestanden hatte, Octavian siegreich hervorgegangen war und nun Augustus und Princeps war – Erster unter Gleichen, der seinesgleichen nicht mehr zu fürchten hatte, weil die ihm gleich gewesen, alle tot waren.

Träume der Unterdrückten

Die jüdischen Bauern waren (in noch stärkerem Maße, als heimlicher und offener Widerstand von jeder kolonisierten bäuerlichen Bevölkerung zu gewärtigen ist) geneigt, sich der Zumutung drückender Besteuerung, Verschuldung, Verarmung und Enteignung zu widersetzen. Die Ideologie der Landwirtschaft, die ihnen vertraut war, war die in den mosaischen Gesetzen formulierte. Wie Gottes Volk am siebenten Tage oder Sabbat ruhen sollte, so auch Gottes Land im siebenten oder Sabbatjahr.

«Sechs Jahre kannst du in deinem Land säen und die Ernte einbringen; im siebenten sollst du es brach liegen lassen und nicht bestellen. Die Armen in deinem Volk sollen davon essen, den Rest mögen die Tiere des Feldes fressen. Das gleiche sollst du mit deinem Weinberg und deinen Ölbäumen tun.» (Exodus 23, 10–11)

«Wenn ihr in das Land kommt, das ich euch gebe, soll das Land Sabbatruhe zur Ehre des Herrn halten. Sechs Jahre sollst du dein Feld besäen, sechs Jahre sollst du deinen Weinberg beschneiden und seinen Ertrag ernten. Aber im siebten Jahr soll das Land eine vollständige Sabbatruhe zur Ehre des Herrn halten: Dein Feld sollst du nicht besäen und deinen Weinberg nicht beschneiden.» (Levitikus 25, 2–4)

In diesem siebenten oder Sabbatjahr sollten überdies jüdischen Schuldnern ihre Schulden erlassen, jüdische Sklaven freigelassen werden.

«In jedem siebten Jahr sollst du die Ackerbrache einhalten. Und so lautet eine Bestimmung für die Brache: Jeder Gläubiger soll den Teil seines Vermögens, den er einem andern unter Personalhaftung als Darlehen gegeben hat, brachliegen lassen. Er soll gegen den andern, falls dieser sein Bruder ist, nicht mit Zwang vorgehen; denn er hat die Brache für den Herrn verkündet. Gegen einen Ausländer darfst du mit Zwang vorgehen. Wenn es sich aber um deinen Bruder handelt, dann laß deinen Vermögensteil brachliegen! ... Wenn dein Bruder, ein Hebräer – oder auch eine Hebräerin –, sich dir verkauft, soll er dir sechs Jahre als Sklave dienen. Im siebten Jahr sollst du ihn als freien Mann entlassen. Und wenn du ihn als freien Mann entläßt, sollst du ihn nicht mit leeren Händen entlassen. Du sollst ihm von deinen Schafen und Ziegen, von deiner Tenne und von deiner Kelter so viel mitgeben, wie er tragen kann. Wie der Herr, dein Gott, dich gesegnet hat, so sollst du ihn bedenken.» (Deuteronomium 15, 1–3, 12–14)

Schließlich gab es sogar ein Jubeljahr, als welches das auf je sieben Sabbatjahre folgende fünfzigste begangen wurde. In diesem alle fünfzig Jahre wiederkehrenden Festjahr sollten nicht nur sämtliche Ländereien, sondern auch Häuser – soweit diese nicht in ummauerten Städten standen – in den Besitz der ursprünglichen Eigentümer (die sich in der Zwischenzeit zum Verkauf genötigt gefunden haben mochten) zurückgegeben werden.

«Erklärt dieses fünfzigste Jahr für heilig, und ruft Freiheit für alle Bewohner des Landes aus! Es gelte euch als Jubeljahr. Jeder von euch soll zu seinem Grundbesitz zurückkehren, jeder soll zu seiner Sippe heimkehren ... Das Land darf nicht endgültig verkauft werden ... Für jeden Grundbesitz sollt ihr ein Rückkaufrecht auf das Land gewähren. Wenn dein Bruder verarmt und etwas von seinem Grundbesitz verkauft, soll sein Verwandter als Löser für ihn eintreten und den verkauften Boden seines Bruders auslösen ... Bringt er die nötigen Mittel für diese Ersatzleistung nicht auf, dann soll der verkaufte Grund bis zum Jubeljahr im Besitz des Käufers bleiben. Im Jubeljahr wird das Grundstück frei, und es kommt wieder in seinen Besitz.» (Levitikus 25, 10.23.24–25.28)

Inwieweit diese Bestimmungen des mosaischen Gesetzes tatsächlich befolgt wurden, ist von uns kaum noch mit Sicherheit zu ermitteln. Höchstwahrscheinlich wurden die Vorschriften über die Jubeljahre zu der hier interessierenden Zeit schon überhaupt nicht mehr beachtet, während anzunehmen ist, daß die Sabbatjahre noch mehr oder weniger vorschriftsmäßig gehalten wurden. Nichtsdestoweniger kann als unzweifelhaft gelten, daß die Juden vom Geist dieser Gesetze durchdrungen waren, so daß die Vorstellung, daß das Land eine auf dem Markt frei verkäufliche Ware werden mochte, ihnen gänzlich fremd war. Wie an der oben nur abgekürzt zitierten Stelle Levitikus 25,23 ausdrücklich gesagt ist, sollte mit Land nicht gehandelt werden, weil das Land Gottes ist: «Das Land darf nicht endgültig verkauft werden; denn das Land gehört mir, und ihr seid nur Fremde und Halbbürger bei mir.» Im Gegensatz zu den Bauern Ägyptens etwa hatten die jüdischen von alters her ein religiöses Gesetz verinnerlicht, das ihnen sagte, daß, wer Land aufkaufte, um damit Geschäfte zu machen, und zu Zwangsvollstreckungen schritt, um seine Schuldner von Haus und Hof zu vertreiben, Gott nicht wohlgefällig handelte.

Das Reich Gottes

Die Bauern Galiläas hatten zur Zeit Jesu womöglich noch mehr Ungemach zu ertragen als die in anderen Landesteilen ansässigen. Sepphoris, etwa 6,5 Kilometer nordwestlich von Nazareth gelegen, und das in nordöstlicher Richtung rund 32 Kilometer weit entfernte Tiberias waren abwechselnd die Hauptstädte Galiläas in jener Zeit. Als die Römer den Aufstand niederwarfen, der nach dem Tode

Herodes des Großen in mehreren Teilen des Landes ausgebrochen war (4 v. Chr.), brannten sie Sepphoris nieder und versklavten die Bewohner der Stadt. Von 4 v. Chr. bis 39 n. Chr. herrschte Herodes Antipas (ein Sohn Herodes des Großen) in Galiläa, der schon in den ersten Jahren seiner Regierung die Stadt wieder aufbaute und sie, wie der Geschichtsschreiber Josephus fand, «zur Zierde Galiläas» gestaltete. Doch dann, um 18 n. Chr., erbaute er am westlichen Ufer des Sees, «im besten Gebiet Galiläas» (nach dem Urteil des gleichen Historikers), eine neue Stadt. Dieser vorwiegend von Juden bewohnten Stadt gab er eine durchaus hellenistisch geformte Verfassung und Verwaltung, benannte sie nach dem römischen Kaiser Tiberius und verlagerte seine Residenz von Sepphoris dorthin. Es könnte sehr wohl sein, daß der Bau dieser beiden Städte in enger zeitlicher und räumlicher Nachbarschaft, dann auch die Konkurrenz zweier Verwaltungszentren, für die Bauern Galiläas erhebliche zusätzliche Belastungen durch vermehrte Abgabenforderungen mit sich brachte. Jesus erwähnt die Namen der beiden Städte niemals, obwohl er nur anderthalb Stunden Wegs von Sepphoris entfernt aufwuchs. Hat man nicht vielleicht dieses Schweigen als stillschweigenden Tadel zu verstehen? Als dann zu Beginn des ersten römisch-jüdischen Krieges Josephus die Aufständischen in Galiläa befehligte, fand er, daß seine aus Bauern und Räubern rekrutierten Truppen darauf brannten, diese beiden Städte niederzubrennen, denn «sie verabscheuten die Leute von Tiberias ebenso wie die von Sepphoris». In diesen Städten wurde ihre Ausbeutung und ihre Unterdrückung verwaltet und waren ihre Schulden aktenkundig.

Das Reden vom «Reich Gottes» muß zunächst im Rahmen dieser Verbindung von Religion und Politik verstanden werden, dann auch in Hinsicht auf die Situation imperialer Beherrschung und kolonialer Ausbeutung. Das Reden vom «Reich Gottes» beschwört eine ideale Vision politischer und religiöser Macht, die Vorstellung einer

Welt, die nicht vom Cäsar, sondern unmittelbar von Gott regiert wird. Gemessen an diesem Ideal wird man die Herrschaft von Menschen immer höchst tadelnswert finden müssen. Die Vorstellung impliziert eine fundamentale, radikale, utopische oder eschatologische Opposition gegen den gegenwärtigen Lauf der Welt. Die «letzten Dinge», die eine Eschatologie ins Auge faßt, müssen nicht unbedingt am Ende der Welt stehen, jedenfalls nicht so, wie die Offenbarung des Johannes sie hinstellt. Es gibt viele unterschiedliche Anschauungen von den «letzten Dingen» und dem «Ende der Welt». Das schlechte Bestehende kann auf verschiedene Weise verneint werden. Und so gibt es neben apokalyptischen auch weisheitliche, kynische, gnostische, monastische und eremitische, anarchische, ja sogar nihilistische Eschatologien. Im gegebenen Zusammenhang sind von besonderer Bedeutung allerdings die beiden erstgenannten Typen. Die *apokalyptische Eschatologie* sieht das Ende der Welt kommen nach dem Muster, das die *Apokalypse,* nämlich die «Offenbarung» des Johannes, verkündet: Gott wird plötzlich und kataklysmisch in den Gang der Dinge eingreifen und in der aus den Fugen geratenen Welt Frieden und Gerechtigkeit wiederherstellen. Ob der auf den erwarteten Eingriff folgende Zustand als ein Himmel auf Erden vorzustellen ist oder eine Entrückung der Gerechten von der Erde in den Himmel erhofft wird, ist im Grunde nebensächlich. Die Hauptsache derartiger Erwartungen ist, daß die bösen *anderen* ein für alle Mal verschwinden und *wir*, die Heiligen, hinfort in Ewigkeit in Gottes liebender Obhut verbleiben werden. Johannes von Patmos war nicht der erste derartige Erwartungen nährende Apokalyptiker, und jener David Koresh in Waco, Texas, dessen Enttäuschung vor kurzem das elektronische Dorf live mit anzusehen Gelegenheit hatte, wird nicht der letzte gewesen sein. Die *weisheitliche Eschatologie* andererseits vertraut der Überzeugung, daß für den, der Gottes Gebote kennt und befolgt, das Reich Gottes jederzeit und unter allen Umständen zugänglich ist. Weisheitliche Eschatologie verriet in der alten Welt der radikale Lebensstil des Kynikers Diogenes wie in jüngerer Vergangenheit derjenige Gandhis. Apokalyptische Eschatologie verneint die gegebene Welt in der Zuversicht auf das unmittelbar bevorstehende Eingreifen Gottes: Wir warten darauf, daß Gott handelt. Weisheitliche Eschatologie verneint die bestehende Welt in dem Glauben an die Möglichkeit, hier und jetzt durch eigenes Tun Gottes Reich an ihre Stelle zu setzen: Gott erwartet von uns eigenes Handeln. Johannes der Täufer predigte die Zukunft Gottes. Jesus aber lehrte seine Gegenwart. Beide freilich begriffen das Reich Gottes nicht als einen der Welt der Lebendigen jenseitigen Ort eines Lebens nach dem Tode. Das Reich Gottes nahm vielmehr die gleiche diesseitige Welt in Anspruch wie die Tempel, die zur nämlichen Zeit Cäsar und Augustus auf dem Forum Romanum errichteten.

Von Texten zu Bildern

Die Sprüche und Gleichnisse des historischen Jesus stellen oft eine radikal egalitäre Welt vor Augen, in der Diskriminierung und Hierarchie, Ausbeutung und Unterdrückung abgeschafft sind. Das ist sein utopischer Traum von einem Gottesreich, in dem materielle und geistliche Güter, politische und religiöse Ressourcen, ökonomische und transzendentale Zugänge jedem offenstehen, ohne daß es der Makler und Vermittler bedarf. Man denke etwa an das Gleichnis vom Festmahl, an dem der Diener jeden, den er auf der Straße trifft, teilzunehmen nötigt (wie es ihm der Herr befohlen hat), so daß schließlich Männer und Frauen, Verheiratete und Unverheiratete, Sklaven und Freie, Reine und Unreine, Reiche und Arme in offener und keinerlei Tischordnung unterworfener Kommensalität beim gleichen Mahl sitzen. Das Bild dieser Tischgemeinschaft verrät ein Programm, die poetische Rede enthält eine politische Forderung. Wie diese Forderung in die Tat umgesetzt wurde, möge man den nachfolgenden Textstellen entnehmen. Für die Jesus dort zugeschriebenen Anweisungen verbürgen sich drei voneinander unabhängige Zeugen, zwei dieser Zeugnisse datieren aus der ältesten Schicht der Jesusüberlieferung. Man beachte, daß in diesen Texten die Gegenseitigkeit der unentgeltlichen Heilung und der offenen Tafel befohlen wird. Die Angehörigen der Königreich-Bewegung müssen essen mit denen, die sie heilen, und in dieser Tischgemeinschaft wird das Königreich verwirklicht. Man beachte auch, daß die Sendboten nicht nur ausgesandt werden, Jesus Anhänger zuzuführen. Nicht Jesus allein hat Macht, jeder, der ihm nachfolgt, ist gleichermaßen ermächtigt. Das Königreich ist kein Monopol Jesu. Jeder, der dazu Mut genug hat, kann es sich aneignen.

> «Und wenn ihr in alle Länder hineingeht und in den Gegenden reist, so eßt, wenn sie euch aufnehmen, was sie euch vorsetzen werden! Heilt die Kranken, die unter ihnen sind!» (Thomasevangelium 14, 2)

> «Nehmt keinen Geldbeutel mit, keine Vorratstasche und keine Schuhe! Grüßt niemand unterwegs! Wenn ihr in ein Haus kommt, so sagt als erstes: Friede diesem Haus! Und wenn dort ein Mann des Friedens wohnt, wird der Friede, den ihr ihm wünscht, auf ihm ruhen; andernfalls wird er zu euch zurückkehren. Bleibt in diesem Haus, eßt und trinkt, was man euch anbietet; denn wer arbeitet, hat ein Recht auf seinen Lohn. Zieht nicht von einem Haus in ein anderes! Wenn ihr in eine Stadt kommt und man euch aufnimmt, so eßt, was man euch vorsetzt. Heilt die Kranken, die dort sind, und sagt den Leuten: Das Reich Gottes ist euch nahe. Wenn ihr aber in eine Stadt kommt, in der man euch nicht aufnimmt, dann stellt euch auf die Straße und ruft: Selbst den Staub aus eurer Stadt, der an unseren Füßen klebt, lassen wir euch zurück; doch das sollt ihr wissen: Das Reich Got-

tes ist nahe.» (Q-Evangelium bei Lukas 10,4–11 = Matth. 10,8–14)

«... er gebot ihnen, außer einem Wanderstab nichts auf den Weg mitzunehmen, kein Brot, keine Vorratstasche, kein Geld im Gürtel, kein zweites Hemd und an den Füßen nur Sandalen. Und er sagte zu ihnen: Bleibt in dem Haus, in dem ihr einkehrt, bis ihr den Ort wieder verlaßt. Wenn man euch aber in einem Ort nicht aufnimmt und euch nicht hören will, dann geht weiter, und schüttelt den Staub von euren Füßen, zum Zeugnis gegen sie. Die Zwölf machten sich auf den Weg und riefen die Menschen zur Umkehr auf. Sie trieben viele Dämonen aus und salbten viele Kranke mit Öl und heilten sie.» (Markus 6,8–13 = Matth. 10,8–10a.11 = Lukas 9,2–6)

Dieses Programm und diese Praxis bezeichnete Jesus als die Gegenwart des Reichs Gottes, aber dieser Ausdruck muß verstanden werden im Lichte dessen, was er tat, und was zu tun er seine Gefährten aufforderte. Jesus erwartete nicht wie andere das Reich Gottes auf Grund einer unmittelbar bevorstehenden apokalyptischen göttlichen Intervention im Weltgeschehen. Gottes Reich war für ihn vielmehr gegenwärtig in der Gegenseitigkeit der frei gewährten Heilung und der offenen Mahlgemeinschaft, in einer Lebensführung radikal egalitärer Ausrichtung, sowohl auf der sozioökonomischen Ebene (Essen), als auch auf der religiös-politischen (Heilung). Die nachfolgende Beschreibung der Vergegenwärtigung des Königreichs durch Jesus, die ich in meinen beiden früheren Büchern über den historischen Jesus gegeben habe, taugt ebenso zur Beschreibung der Wirksamkeit seiner frühesten Gefährten.

«Er kommt, noch unbekannt, in einen Weiler in Untergaliläa. Die kalten, harten Augen der Bauern, die sich lange genug mit dem Lebensnotwendigen haben begnügen müssen, um genau zu wissen, wo die Armut aufhört und das Elend anfängt, beobachten ihn. Er sieht aus wie ein Bettler, doch vermißt man bei ihm den unterwürfig niedergeschlagenen Blick, die winselnde Stimme und den schlurfenden Gang des Bettlers. Er redet vom Reich Gottes, und wenn sie sich auch davon nicht viel versprechen, hören sie ihm doch zu, hauptsächlich wohl aus Neugier. Sie wissen Bescheid über Macht und Herrschaft, Imperien und Königreiche, aber was sie davon wissen, betrifft Steuern und Schulden, Hunger und Krankheit, Unterdrückung des Landmanns, dämonische Besessenheit. Was denn, so wollen sie wissen, haben das lahme Kind, die blinde Verwandte, die arme von einem Dämon gequälte Seele, die zwischen den Gräbern am Ortsrand ihre Verzweiflung herausschreit, von Gottes Reich zu erhoffen? Jesus geht mit ihnen zu den Gräbern hinaus, und in der Stille nach der Teufelsaustreibung hören die Bauern ihm von neuem zu, wobei ihre anfängliche Neugier der Habgier, Furcht und Verlegenheit weicht. Wie es die Ehre gebietet, hat man ihn ins Haus des Dorfoberhaupts eingeladen. Statt dessen zieht er die Gastfreundschaft der Frau vor, der er den Teufel ausgetrieben hat. Das ist zwar ungehörig, aber es wäre unklug, einem Teufelsbanner ungehöriges Benehmen anzukreiden, einen Zauberer zu bekritteln. Jedenfalls würde das Dorf diese Macht an das Umland zu vermakeln in der Lage sein, sich der Vertretung dieses Gottesreichs annehmen können, als der Ort, wo andere Heilung suchen, als der Wallfahrtsort, dem Ehren und Protektion so reichlich zur Verfügung stehen würden, daß – wer weiß? – vielleicht sogar für die geheilte Frau selbst etwas davon zu erübrigen sein könnte. Aber am nächsten Tag geht er fort, und jetzt fragen sie sich laut, was das soll, dieses Gottesreich, in dem die Regeln der Schicklichkeit nicht gelten, dieses Reich nicht nur für Arme, wie sie selbst, sondern für die Elenden. Andere sagen, daß die schlimmsten und mächtigsten Dämonen nicht in kleinen Dörfern, sondern in gewissen Großstädten zu finden sind. Vielleicht hat sich der ausgetriebene Teufel dahin begeben, sagen sie, nach Sepphoris oder Tiberias, wenn nicht gar nach Jerusalem oder Rom, wo man wegen der Menge der an diesen Orten bereits niedergelassenen Konkurrenten seine Ankunft kaum bemerken würde. Wieder andere sagen nichts und erwägen die Möglichkeit, Jesus nachzufolgen, ehe er sich zu weit entfernt.»

Was immer Jesus ursprünglich sagte oder tat, er sagte und tat es in der ersten Hälfte des 1. Jahrhunderts unserer Zeitrechnung. Bilder seines Wirkens sind uns aus jener Zeit nicht überliefert. Tatsächlich sind die frühesten unverkennbar christlich inspirierten Bilder, von denen wir wissen, nicht vor dem Ende des 2. Jahrhunderts entstanden. Immerhin stammen sie noch aus der Zeit, bevor sich, zu Beginn des 4. Jahrhunderts, der römische Kaiser Konstantin zum Christentum bekehrte und dieses sich damit grundlegend zu wandeln begann. Somit sind die ältesten Bildquellen, die uns zur Verfügung stehen, mehrheitlich Bilder aus dem 3. Jahrhundert. Inwiefern dürfen wir aber Bilder des 3. Jahrhunderts zur Veranschaulichung und Erläuterung von Worten des 1. Jahrhunderts heranziehen?

Die in diesem Buch reproduzierten Bilder aus der Zeit, ehe das Christentum Staatsreligion wurde (Abbildungen 1–25), erhellen meines Erachtens die Worte des historischen Jesus, indem man ihn und seine Gefährten darauf so handeln sieht, wie es seinen Worten entspricht. Die Königreich-Bewegung war Jesu Programm der Ermächtigung für eine bäuerliche Bevölkerung, die durch drückende Besteuerung, daraus folgender Verschuldung und schließlich Enteignung ihres Landes im Rahmen der zunehmend kommerzialisierten, expandierenden Kolonialwirtschaft des Römischen Reichs in der Epoche des augusteischen Friedens und der herodianischen Städtegründungen in Niedergaliläa immer tiefer ins Elend geriet. Jesus lebte diesen Menschen unter den Bedingungen der systemimmanenten Ungerechtigkeit, die sie bedrückte, eine Alternative vor, die jedem offenstand, der sich dazu entschließen wollte: Ein Leben offenen Heilens und geteilten Essens, ein Leben radikalen Wanderns und programmatischer Unbehaustheit, ein Leben menschlicher Kontakte ohne Diskriminierung und der Berührung mit dem Göttlichen ohne hierarchische Vermittlung. Und für diese Alternative starb er auch. Darauf zielten, wie ich sie verstehe, Jesu Worte und Taten. Und ich verstehe sie weniger als Zeugnis der persönlichen Macht Jesu als vielmehr im Sinne der Ermächtigung einer Gemeinschaft. Und dabei zählte weniger die Idee im Geiste als das leibliche Leben. Wie wir sahen, bildet die Gegenseitigkeit von *Essen* und *Heilen* das Herz des Programms und der Präsenz des Königreichs. Eben das bezeugen aber auch die hier versammelten Bilder. Im vierten Teil dieses Buchs gebe ich ein vollständiges Verzeichnis der Jesus betreffenden Bilder, die uns aus vorkonstantinischer Zeit bekannt sind, insgesamt 65. 27 dieser Bilder (41,5 %) zeigen Mahlgemeinschaften, 19 (29,2 %) Heilungen, und diese Proportionen bestätigen für mich die enge Beziehung zwischen Wort *und* Bild, zwischen originalen Jesusworten und ersten bildlichen Aneignungen. Die 25 Abbildungen dieses Buches bieten eine repräsentative Auswahl aus diesem Bestand.

Zeichen, Gestalten, Szenen

Die frühchristliche Kunst stellt ihr Anliegen vor in Zeichen, Gestalten und Szenen. Als Zeichen können Darstellungen symbolischer Objekte gelten – das Lamm, der Anker, das Gefäß, der Delphin, das Blatt, der Fisch, das Schiff, der Ölzweig, die Weinrebe, die Traube, der Dreizack und so fort.

Unter den Gestalten findet man den Hirten, insbesondere den jungen Hirten mit einem Widder auf den Schultern, oder den Fischer mit der Angel oder die mit erhobenen Händen betende, verschleierte Frau oder den Philosophen, stehend, mit einer geschlossenen Schriftrolle in der Hand, oder sitzend und in einer aufgeschlagenen Schrift lesend.

Szenen aber sind besonders solche biblischen, deren Gegenstände leicht als christliche zu identifizieren sind und uns gestatten, auch die begleitenden neutralen Zeichen und Gestalten als christliche zu erkennen. Man vergleiche etwa die auf den Abbildungen 1 und 2 dargestellten Sarkophagreliefs. Die Gestalten, die man auf dem ersten dieser Reliefs erblickt, symbolisieren in dem lesenden Mann die Philosophie, in den Frauen mit erhobenen Armen die Frömmigkeit, in dem Hirten mit dem Widder auf den Schultern die Menschlichkeit. Diese Gestalten allein sind lediglich als protochristliche zu deuten, das heißt, die symbolisierten Werte – Philosophie, Frömmigkeit und Menschlichkeit – könnten wohl als christliche gemeint sein, wären jedoch auch als heidnische verständlich. Doch der zweite abgebildete Sarkophag zeigt die gleichen Gestalten. Er ist um dieselbe Zeit entstanden und war zweifellos für ein christliches Begräbnis gedacht, denn links sieht man dort die Geschichte des Propheten Jona dargestellt, rechts die Taufe Jesu.

Einzelne Zeichen und Gestalten habe ich bei der Auswahl der hier versammelten Bilder nicht berücksichtigt, sondern nur Szenen, und auch unter diesen allein die neutestamentlichen. Ein vollständiges Verzeichnis findet sich am Ende des Bandes, doch mag die folgende Übersicht schon einen Begriff von der Art dieser Szenen geben:

I. Individuelle Szenen (Szenen, die nur in je einer Darstellung erhalten sind): Inventar Nr. 1–5
II. Typische Szenen (jeweils in mehreren Darstellungen erhalten):
   1. Taufszenen (6 Beispiele):
      Inventar Nr. 6–11; Abbildungen 2, 11

2. Lehrszenen (8 Beispiele):
   Inventar Nr. 12–19; Abbildungen 5, 15, 16, 21
3. Mahlszenen (27 Beispiele):
   Inventar Nr. 20–46; Abbildungen 3–17
4. Heilszenen (19 Beispiele):
   Inventar Nr. 47–65; Abbildungen 16–25

Ich behaupte nicht, daß die individuellen Szenen, diejenigen, die wir nur in einer einzigen Darstellung kennen, ohne Bedeutung sind. Eine solche Szene sieht man als Frontispiz dieses Buchs abgebildet (Inventar Nr. 5). Wenn man das Hauptschiff der Peterskirche in Rom durchläuft und vor den unaufhörlich brennenden Kerzen der Capella della Confessione anlangt, steht man fast genau über einer heute als Mausoleum M bezeichneten kleinen Krypta, die einst zu einer nördlich des Circus des Nero angelegten heidnischen Nekropole gehörte. In dieser Krypta befindet sich ein gut erhaltenes Mosaik, das Jesus als *Sol Invictus* oder Unbesiegten Sonnengott darstellt, eine um die Wende vom 3. zum 4. Jahrhundert von Kaisern und Soldaten verehrte Gottheit, deren Gestalt ursprünglich christliche Züge durchaus vermissen läßt. Selbstverständlich ist das denn auch nicht das Bild Jesu, das wir hier suchen. Da ihm jedoch seinerzeit, kurz vor der Bekehrung Konstantins, die Zukunft gehören sollte, habe ich es als Frontispiz am Anfang dieses Buches abbilden lassen, in dessen Innenteil wir dahinter zurückgehen wollen.

Doch soll unser Interesse hauptsächlich den Darstellungen jener typischen Szenen gelten, von denen wir, wie gesagt, vier unterscheiden können, wobei zwei Kategorien, Szenen des Essens und des Heilens, eindeutig überwiegen. Die offenkundige Wichtigkeit dieser auf Fresken und Sarkophagen dargestellten Motive für die Christen des 3. Jahrhunderts scheint zu beweisen, daß diesen Jesu ursprüngliches Programm noch gegenwärtig war. Seine Gefährten sollten es ihm gleichtun – einander heilen und miteinander essen. Und die Bildwerke, die uns von Christen hinterblieben sind, die mehr als 200 Jahre nach ihm lebten, zeigen, daß diese offenbar noch bemüht waren, seinem Beispiel zu folgen. Heilen und Essen sind die vorherrschenden Motive ihrer Darstellungen. Wie ist diese bemerkenswerte Übereinstimmung zu erklären?

Essen mit den Toten

Gegen die Vorstellung, nach dem Tode nicht begraben, nicht betrauert, sondern vergessen zu werden, stellten die heidnischen Römer auf die Gräber ihrer Verstorbenen Bilder, die diese Furcht bannen sollten. Ein Typus solcher Darstellungen, der schon auf etruskischen Gräbern und noch früher vorkommt, zeigt ein Ehepaar auf seinem Sarkophag oder Grab wie zu Tisch liegend; neben dem Lager gibt es denn oft auch einen kleinen dreifüßigen Tisch mit Speisen. Damit sollte nicht nur der Tod als Festmahl dargestellt werden, bei dem die Toten ewig würden verweilen können, solche Bilder luden vielmehr auch die Hinterbliebenen ein, sich zu diesem Festmahl einzufinden, am Grabe ihrer Verstorbenen zu essen, so daß deren Schatten sich der Gesellschaft der Lebenden erfreuen könnten (siehe dazu Nr. 20-24 meines Inventars). Dieser Typus, für den der dreifüßige Tisch des Paars besonders charakteristisch ist, wurde später durch einen neueren ergänzt, wenn nicht ersetzt, bei dem man eine Gruppe von Speisenden im Halbkreis auf das Polster einer Lagerstatt gestützt sieht (Abb. 5, Inventar Nr. 25, zeigt vor den so Gelagerten den dreifüßigen Tisch; Nr. 26-42 des Inventars verzeichnen Darstellungen, die nur die auf das Halbrund der Lehne gestützten Speisenden zeigen).

Diese Darstellungen hatten ursprünglich keinerlei Beziehung zu Jesus oder zum Christentum, auch die Szenen mit einer Gruppe von Speisenden nicht. Vergewissert man sich aber, was die Bilder solcher Gruppen den Heiden bedeuteten, wird man ahnen, daß die Christen dort eine eigene, andere Bedeutung sehen konnten.

Begräbnisvereine sind aus unserer Sicht vielleicht die bezeichnendsten Formen des geselligen Lebens in den Großstädten der Antike. Noch schrecklicher als die Erfahrung der Einsamkeit und Verlassenheit im Leben war die Vorstellung, nach dem Tode nicht bestattet und vergessen zu werden. Wenn man Familie hatte, wenn einen Angehörige überlebten, konnte man wohl hoffen, daß diese einen mit den angemessenen Zeremonien begruben und verabschiedeten. Aber wie lange durfte man erwarten, im Gedächtnis der eigenen Anverwandten fortzuleben? Mehr Gewißheit, im Andenken der Menschen zu dauern, boten ihren Angehörigen die zwischen den nahen Anverwandten eines jeden und der fernen Gesellschaft aller Lebenden eine Mittelstellung einnehmenden Begräbnisvereine. Diese Gesellschaften hatten eigene Schutzgottheiten, nach Möglichkeit auch wohlhabende Förderer und Patrone. Ihre Mitglieder aßen und tranken miteinander zu Lebzeiten und boten einander die Gewähr, daß Verstorbene anständig begraben, gebührend betrauert und in der Erinnerung ihrer Vereinsgenossen bewahrt werden würden. Szenen dieses Vereinslebens sieht man auf den Abbildungen 5–14 und anderen ähnlichen Darstellungen von Tischgemeinschaften. Wandgemälde in Katakomben und Reliefs an Sarkophagen trösteten die Abgeschiedenen mit Bildern der Festmähler, die an ihren Geburts- oder Todestagen ihre hinterbliebenen Gefährten zu ihrem Gedenken veranstalten würden. Freilich hat gewiß nicht jeder, an dessen Grab solche tröstenden Bilder gefunden wurden, einem Begräbnisverein angehört. Derartige Darstellungen entsprachen einem schließlich so weitverbreiteten Geschmack, daß sie endlich kaum noch einem anständig Begrabenen vorenthalten wurden.

Die Satzung eines Begräbnisvereins wurde 1816 in Lanuvio am südwestlichen Abhang der Albaner Berge entdeckt. Der Verein von Lanuvium, im Jahre 133 n. Chr.

gegründet und der Göttin Diana sowie dem (ertrunkenen und unter die Götter versetzten Liebling des Kaisers Hadrian) Antinous geweiht, hatte anläßlich seines dreijährigen Bestehens auf Kosten und unter dem Patronat eines örtlichen Honoratioren namens L. Caesennius Rufus seine Satzung auf dem inneren Säulengang eines dem Antinous geweihten Tempels einmeißeln lassen. Derartige Vereine waren vom römischen Senat amtlich genehmigt, und die Inschrift von Lanuvium zitiert die diesbezügliche Verfügung wie folgt:

«Diesen wird gestattet, sich zu versammeln, sich zu treffen und einen Verein zu bilden, diejenigen, die monatliche Beiträge zu Begräbnissen leisten wollen, mögen sich in einem derartigen Verein versammeln, doch dürfen sie sich im Namen eines solchen Vereins nur einmal im Monat versammeln zu dem Zweck, für die Bestattung der Toten zu sorgen.»

Die anschließend verzeichnete Satzung gibt Regeln einerseits für Bestattungen, andererseits (und gleich umfassend) für die Mähler des Vereins, dem, wie dessen Regeln zu entnehmen ist, auch Sklaven angehören konnten. («Wenn ein diesem Verein angehöriger Sklave stirbt ...», heißt es da. Ebenso wurden Anordnungen für den Fall der Freilassung solcher Mitglieder erteilt und natürlich auch Rechte und Pflichten der freigeborenen Mitglieder festgehalten.) Bei dem nachfolgend zitierten Auszug aus der Satzung rechne man einen Denarius zu 4 Sesterzen oder 16 As und bedenke, daß der zum Lebensunterhalt eines erwachsenen Mannes im Monat erforderliche Betrag mit 70 Sesterzen anzusetzen ist.

«Wer diesem Verein beizutreten wünscht, soll eine Aufnahmegebühr von 100 Sesterzen entrichten sowie einen Krug guten Weins beibringen und einen monatlichen Mitgliedsbeitrag von 5 As zahlen ... Beim Tode eines

Mitglieds unseres Vereins wird aus unserer Vereinskasse die Summe von 300 Sesterzen fällig abzüglich der Bestattungsgebühr von 50 Sesterzen, die am Scheiterhaufen zu verteilen ist ... Die Mahlherren, die je zu viert in der Reihenfolge des Mitgliederverzeichnisses ernannt werden, müssen jeder einen Krug guten Weins aufbringen sowie ein Brot zum Preise von 2 As für jeden Angehörigen des Vereins, vier Sardinen pro Kopf und für jeden ein Gedeck und warmes Wasser mit Bedienung.»

Die bei den Mählern solcher heidnischen Begräbnisvereine aufgetischten Brote, Fische und Weinkrüge standen gewissermaßen in Wort und Bild bereit, den Vorstellungen der Königreich-Bewegung einverleibt zu werden, und diese Übernahme sollte allmählich auch stattfinden. Das auf Abbildung 17 dargestellte Sarkophagrelief veranschaulicht eine frühe Phase dieses Integrationsprozesses. Zwischen zwei Szenen, in denen man Jesus als Heiler erblickt, steht eine Darstellung, die als Totenmahl einer Begräbnisgesellschaft gelten könnte. Da sieht man hinter der gepolsterten Lehne ihres Speisesofas drei Männer zu Tisch liegen. Vor ihnen auf dem Boden stehen sechs Körbe voller Brote. Ein vierter, am rechten Ende dieser Reihe kniender Mann (wohl ein Diener) reicht, nach links gewandt, dem mittleren der drei Tischgenossen ein Brot. Der linke der drei Tafelnden scheint sich aus einem der ihm näher stehenden Körbe selbst zu bedienen, während der dem Diener nächste trinkend den Becher zum Munde hebt. Hinter dieser Gruppe der drei speisend zu Tisch Liegenden und des knienden Dieners erblickt man vier weitere, stehende Männer. Der ganz links stehende legt die rechte Hand auf den Kopf des linken der drei Tischgenossen. Der nächste hebt, nach rechts gewandt, die Rechte in einer Redegebärde, die wohl dem rechts neben der Mahlgemeinschaft als einzigem der vier in ganzer Figur sichtbaren Mann gilt, der die Rechte auf das Haupt des knienden mutmaßlichen Dieners gelegt hat und in der Linken eine Schriftrolle hält.

Der links neben diesem schon hinter der Gruppe der Essenden stehende Mann hat die Rechte in die Schlinge des über die Schulter geworfenen Zipfels seines Palliums gelegt und wendet, dem Blick des Mannes mit der Schriftrolle folgend, den Kopf nach links, dem mit erhobener Hand redenden Mann in der Mitte dieser Gruppe zu. In dem rechts in ganzer Figur sichtbaren bärtigen Mann, mit der nach der Mode kynischer Philosophen vom Pallium entblößten rechten Schulter und der Schriftrolle in der Linken, hat man Jesus zu erkennen, und man sieht in dem Bilde der Essenden das römische Totenmahl, das der christlichen Überlieferung einverleibt wurde.

Angesichts solcher Mahldarstellungen aus vorkonstantinischer Zeit, wie sie hier auf den Abbildungen 3–17 reproduziert (und unter den Nummern 20–46 meines Inventars vollständig verzeichnet) sind, mag man die in ihnen verkörperte Kontinuität und Diskontinuität bedenken. Jesu offene Kommensalität oder sein *Mahl mit den Lebenden* negierte in der Praxis die Unterschiede, Unterscheidungen, Rangordnungen und diskriminierenden Wertungen, die uns voneinander trennen. Das heidnische *Mahl mit den Toten* rüttelte zwar nicht prinzipiell an etablierten Rangordnungen, brachte jedoch immerhin schon Sklaven, Freigelassene und Herren an einen Tisch und negierte praktisch die Schlimmste aller trennenden Diskriminierungen, die Unterscheidung nämlich von Lebendigen und Toten. Und es ist faszinierend zu sehen, wie im 3. Jahrhundert heidnische und christliche Vorstellungen von der Mahlgemeinschaft sich miteinander verquickten in einem Synkretismus, wie er der Volksreligion stets naheliegt und amtliche Religion immer gefährdet.

Heilen für die Lebenden

Die Darstellungen von Heilungen sind nicht annähernd so schwierig zu deuten wie die von Mahlgemeinschaften. Bei

Bildern von Heilungen ist Jesus immer persönlich anwesend. Wenn man alle aus den ersten beiden Jahrhunderten unserer Zeitrechnung erhaltenen christlichen Texte zu Rate zöge, um zu Mutmaßungen hinsichtlich der Gegenstände der ältesten christlichen bildenden Kunst zu gelangen, würde man wohl fast unvermeidlich in die Irre gehen und erwarten, Darstellungen etwa der Kreuzigung, der Auferstehung, der Wiederkunft Christi oder des Jüngsten Gerichts zu sehen. Doch die einzige aus vorkonstantinischer Zeit erhaltene Darstellung der Kreuzigung ist ein Graffito an einer Wand der Unterkünfte der kaiserlichen Pagen südlich des Palatin, dessen Zeichner damit offenbar einen seiner Kameraden verhöhnen wollte, denn da sieht man einen Pagen einem eselsköpfigen Gekreuzigten huldigen, und eine Beischrift erklärt in schlechtem Griechisch: «Alexamenos verehrt Gott.» Und selbst als nach der Bekehrung Konstantins zur Verehrung des Gekreuzigten solcher Spott ungehörig war, wurde als Gegenstand der Andacht zunächst zwar das Kreuzeszeichen, nicht aber der Gekreuzigte den Gläubigen zur Anschauung gebracht.

Gegenstand der frühesten christlichen Bilder war also nicht der gekreuzigte, der auferstandene, der wiederkehrende und der richtende Jesus, sondern vorzüglich der heilende Jesus, der gewöhnlich als wohlgebildeter Jüngling, seltener als bärtiger, älterer Mann dargestellt wurde (Abbildungen 16-25). Man hätte angesichts der heidnischen Tradition in der Darstellung von Weisheitslehrern erwarten sollen, auch Jesus häufig als in einer Schriftrolle lesenden oder Schüler belehrenden sitzenden Philosophen dargestellt zu finden. Zwar gibt es solche Bilder (vgl. Inventar Nr. 12-19 und siehe Abbildungen 5, 15, 16, 21), ihre Zahl ist aber gering im Vergleich zu den Abbildungen des heilenden Jesus.

Unter den Heilungswundern Jesu sind zwei offenbar mit besonderer Vorliebe zum Gegenstand von Bildern gemacht worden. Von 19 derartigen Darstellungen zeigen 7 die Auferweckung des Lazarus (Inventar Nr. 47-53, Abbildungen 18-22), 5 die Heilung des Gelähmten (Inventar Nr. 54-58, Abbildungen 17, 20 23). Die Vorliebe für Lazarus erklärt sich wohl aus der Auferstehungsverheißung, als welche man seine Erweckung vom Tode verstand. Wenn aber fast ebensohäufig die Heilung des Gelähmten gewählt wurde, hat das vielleicht seinen Grund darin, daß die Erzählung von diesem Wunder ein Element enthält, das es den Künstlern gestattete, die Heilung auf den ersten Blick sinnfällig zu machen: Wer den Geheilten sein Bett tragen sah, wie es ihm Jesus befohlen hatte, wußte, wer da ging, wenn auch Jesus selbst gar nicht dargestellt war, und konnte ahnen, daß da ein Wunder geschehen war, selbst wenn er die Geschichte nicht kannte. Und so mag auch die Geschichte von der Auferweckung des Lazarus einen Teil ihrer Beliebtheit als Bildgegenstand der nämlichen Sinnfälligkeit des darzustellenden Vorgangs verdankt haben. Selbst einem heidnischen Betrachter, der von der Geschichte nichts wußte, mußte ja das Wunder dieser Totenerweckung einleuchten. Bei Darstellungen anderer Heilungen, wie man sie auf den Abbildungen 16 und 20 sieht, ist weniger leicht auszumachen, wer geheilt wird und wovon.

Die Vorliebe für den heilenden Jesus, selbst wo dieser gemeinsam mit dem lehrenden auftritt, wie auf den Abbildungen 16, 20 und 21, entspricht mehr dem Anliegen des Christentums kleiner Leute als dem der Theologen. Damit soll nicht gesagt werden, daß die Anliegen des einfachen Volks und der Kirche einander ausgeschlossen hätten oder entgegengesetzt gewesen wären, doch ist die unterschiedliche Betonung der gemeinsamen Vorstellungen unverkennbar. Die ursprüngliche Identität des historischen Jesus als Heiler der Leiden der kleinen Leute wird in den amtlichen Texten der christlichen Kirche der ersten beiden Jahrhunderte kaum in den Vordergrund gestellt, doch steigt sie wie aus einer unterirdischen Quelle in jener frühesten christlichen Kunst auf, die während des 3. Jahrhunderts entstand.

Man betrachte noch einmal die oben beschriebene Szene auf Abbildung 17 und daneben Abbildung 16. Beide Darstellungen zeigen Jesus als Heiler und Lehrer und die Mahlgemeinschaft, die er um sich versammelt. Als Lehrer erblickt man ihn nicht nur in der Mitte des auf Abbildung 16 wiedergegebenen Reliefs (wo vielleicht die Bergpredigt dargestellt ist), sondern auch, eine Schriftrolle in der Hand, bei den Heilungen, die er zur Rechten und Linken vornimmt. Und in allen Szenen, beim Essen, Heilen und Lehren, erscheint er – auf beiden Reliefs – ohne Tunika, mit nackter Brust und Schulter, nur mit dem Pallium bekleidet, das heißt in der Kleidung, die gewissermaßen als Amtstracht der kynischen Philosophen bekannt war, als folge er dem Beispiel eines Diogenes in dessen radikaler Kulturkritik und seinem die geltenden Konventionen der plutokratischen Zivilisation hinterfragenden Lebensstil.

Mündliche Überlieferung

Wie können wir sichergehen, daß irgendeiner der ihm von der Überlieferung zugeschriebenen Sprüche wirklich von dem historischen Jesus stammt? Wir wissen, daß die Erinnerung, anstatt genau zu bewahren, meist nur plausibel rekonstruiert. Was gibt uns die Gewähr, daß auch nur ein einziges der angeblichen Worte Jesu zuerst aus seinem Munde gehört wurde? Wir wissen, daß homerische Barden und südslawische Sänger Tausende von Versen mündlich überlieferter epischer Dichtungen aus dem Gedächtnis wiederholen konnten. Das heißt, daß sie den Gang der Handlung dieser Dichtungen, typische Szenen und charakteristische Formeln im Gedächtnis hatten, die sie dann beim Vortrag schöpferisch variierten und kombinierten. Sie lernten nicht wie moderne Schauspieler Tausende von Versen wortwörtlich auswendig. Denn das ist unmöglich ohne geschriebenen Text, ja der Begriff der Wortwörtlichkeit bei der Wiedergabe eines Texts hat die Herrschaft der Schrift zur Voraussetzung. Wenn also Jesus, ein schriftunkundiger Bauer, zu seinesgleichen sprach und dabei nicht bemüht war, seinen Hörern formelhafte Wendungen einzuprägen (was, soweit wir wissen, nicht der Fall war, denn niemand sagt, daß er in Versen sprach), wie dürfen wir den Berichten seiner Hörer trauen, selbst den ältesten unter ihnen?

Man kann diese Frage auf zwei Ebenen beantworten. Zunächst kann man darauf hinweisen, daß Jesus zwar nicht in Versen sprach, doch in Sprüchen und Gleichnissen, die sich dem Gedächtnis leicht einprägen. Jesu Sprüche haben die Kürze und Prägnanz von Sprichwörtern, die, was sie sagen, mit einem Bilde sagen, das der Phantasie einleuchtet, und in einprägsamer sprachlicher Formulierung, die sich gern der Assonanz, ja auch des Reims bedient. In Sprichwörtern wird die hergebrachte und gängige Weisheit einer Gesellschaft konzentriert. Jesu Sprüche äußern in gleicher Form eine der hergebrachten vielleicht widersprechende, jedenfalls individuelle Weisheit. Ein Sinnspruch könnte als ein Sprichwort mit bestimmter Tendenz, als tendenziöses Sprichwort bezeichnet werden. So wird man das, was Jesus über das Reich und die Kinder sagte oder über die Seligkeit und die Armen, nicht so leicht vergessen, wenn man es einmal gehört hat. Was sich einprägt, ist natürlich vor allem das überraschende Bild oder die strukturelle Relation, weniger die syntaktische Formulierung. Anders als beim Sprichwort, dessen man sich wortwörtlich zu erinnern pflegt, prägt sich vom individuellen Sinnspruch vor allem der innere Zusammenhang ein. So erinnert man sich von den Unbilden «Blut, Mühsal, Tränen und Schweiß», die Churchill seinen Landsleuten in jener berühmten Rede zu Beginn des Zweiten Weltkriegs in Aussicht stellte, später nur des Bluts, des Schweißes und der Tränen (nur der Flüssigkeiten!). Ähnlich verhält es sich mit Gleichnissen. Bei diesen handelt es sich um kurze Geschichten, von denen einem oft nur die Pointe erinnerlich bleibt, aus der man sich dann später bei Bedarf die Geschichte rekonstruiert. Die uns in den Evangelien des Neuen Testaments überlieferten Gleichnisse Jesu sind vermutlich kaum mehr als kurze Inhaltsangaben. Beim ursprünglichen Vortrag dieser Gleichnisse wird Jesus sie wohl mit Einzelheiten weit reicher ausgestattet haben, als wir sie heute lesen, und die Interaktion des Erzählers mit seinen Hörern wird sich zweifellos nachdrücklicher geltend gemacht haben.

Wenn aber dergestalt der Sinnspruch und das Gleichnis als Formen der Rede betrachtet werden können, die ihren Inhalt dem Gedächtnis einzuprägen geeignet sind, so wurde die Erinnerung der Worte Jesu noch durch etwas anderes begünstigt, das keine Formsache war und nicht auf das Auswendiglernen von Worten hinauslief, nämlich die Nachahmung Jesu durch seine Gefährten. Denn viele seiner frühen Gefährten nahmen Jesu eigentümlichen Lebensstil an. Sie kleideten sich wie er nach Bettlerart, doch anstatt zu betteln, brachten sie unentgeltlich Heilung in die Weiler und Hütten galiläischer Bauern und verlangten als Gegenleistung nicht milde Gaben, sondern Zulassung zur Mahlgemeinschaft derer, denen sie geholfen hatten. Das hatten sie schon zu seinen Lebzeiten getan und fuhren nach seiner Hinrichtung darin fort.

Bei dem Jesus-Seminar, zu welchem sich in den Jahren 1985–1992 unter dem Vorsitz von Robert Funk regelmäßig eine Runde von Gelehrten zusammenfand, um über die Authentizität der Jesus zugeschriebenen Worte zu beraten und abzustimmen, habe ich, so wie ich es auch jetzt noch tue, meine Entscheidungen nie allein oder auch nur hauptsächlich auf der Ebene der Wahrscheinlichkeit richtiger Textüberlieferung getroffen, sondern immer im Hinblick auf diese zweite und tiefere Ebene der Kontinuität. Ich stimme für die Authentizität des Spruchs, der gewöhnlich übersetzt wird: «Selig sind die Armen», aber ob damit ein Spruch Jesu erinnert oder die seinen Handlungen zugrundeliegende Überzeugung zusammengefaßt wird, wüßte ich nicht mit Sicherheit zu sagen. Die zweite Möglichkeit ist noch sicherer als die erste, zumal für diejenigen, die aus ähnlicher Überzeugung leben. Und so sei denn noch einmal betont, daß meines Erachtens die Kontinuität zwischen Jesus und seinen Gefährten weniger durch die Erinnerung als durch tätige Nachahmung gewährleistet ist.

Zuletzt ein Wort zu den Prinzipien, die meinen Übersetzungen zugrunde liegen. Es sind deren fünf, und der Leser sollte ihrer bei der Lektüre gewahr sein. Erstens nehme ich an, daß jedes Wort Jesu zugleich *individuell* und *sozial* verstanden werden sollte. Zweitens, daß jedes Wort Jesu zugleich *politisch* und *religiös* gemeint ist. Da nun Jesu Worte herkömmlicherweise viel häufiger einseitig als von nur individueller und religiöser Bedeutung aufgefaßt worden sind, habe ich bei meinen Übersetzungen bewußt die bisher so oft vernachlässigte soziale und politische Seite seiner Aussagen betont. Man vergesse aber nicht, daß es sich dabei um verschiedene Seiten einer und derselben unteilbaren Sache handelt. *Das Reich Gottes* ist individuell und sozial, politisch und religiös zugleich, unteilbar und total. Drittens bedenke ich (und empfehle meinen Lesern mit mir zu bedenken), daß jeder überlieferte Spruch sowohl der *Deutung* als auch der *Übersetzung* bedarf. Bei der Übersetzung nehme ich mir große Freiheit, zumal zu dem Zweck, die bisher oft übersehenen Aspekte der Worte Jesu ins Licht zu setzen. Das heißt, meine Übersetzung ist hier in noch höherem Maße, als das gewöhnlich der Fall ist, zugleich Deutung. Das wird schon durch die Natur der ihm vorliegenden Texte von jedem Übersetzer der Worte Jesu gefordert. Die verschiedenen uns als Worte Jesu überlieferten Aussprüche sind uns teils einfach, teils mehrfach, einige auch vielfach bezeugt. Welche Fassung gilt es zu übersetzen? Ich habe mit meiner Übersetzung oft versucht, das ursprüngliche Wort zu finden, das aus den unterschiedlich überlieferten Fassungen spricht. Dabei hat mich mein Verständnis der Umstände, unter denen Jesus sprach, geleitet: denn da sprach ein mediterraner jüdischer Bauer zu anderen Bauern in einem von Fremdherrschaft bedrückten Land, in einer Situation zunehmender Unsicherheit und Unterdrückung, in der der rapide wirtschaftliche Aufschwung einer städtischen Oberschicht auf Kosten wachsender Verschuldung, Enteignung und Verelendung der bäuerlichen Unterschicht eine höchst explosive Lage schuf. Viertens bin ich der Meinung, daß die typographische Präsentation, die ich für meine Übersetzungen gewählt habe, die *Anordnung* der Worte und der *Raum*, den sie auf der Seite einnehmen, dem Leser behilflich sein können, sie recht zu verstehen. In der mündlichen Überlieferung wird nicht die syntaktische Folge, sondern die sprachliche Struktur bewahrt. Man überlege sich nur, wie man sich an Witze, die einem gefallen haben, erinnert. Die Leerstellen, die man auf den folgenden Seiten finden wird, sind von Bedeutung, weil Jesu Worte nie als geschlossene syntaktische Sequenzen genommen werden sollen, die man auswendig lernen und wiederholen könnte, sondern als offene sprachliche Strukturen, die es in unterschiedlicher syntaktischer Darbietung zu aktualisieren und unter unterschiedlichen historischen Bedingungen mit Leben zu füllen gilt. Schließlich bin ich bemüht gewesen, für das, was ich in den als Worte Jesu überlieferten Texten fand, einen Ausdruck zu finden, der bei *minimalem* Aufwand zugleich *poetisch* ist. So sind beispielsweise bei Lukas 9,58 und Matthäus 8,20 die gleichen einundzwanzig griechischen Wörter überliefert. Diese findet man in Luthers Septemberbibel vom Jahre 1522 wie folgt übersetzt:

«Die fuchsze haben gruben / und die vogel unter dem hymell haben nester / aber des menschen son hat nit / da er seyn hewbt hyn lege.»

Die neue Einheitsübersetzung der Bibel, 1980, sagt an dieser Stelle:

«Die Füchse haben ihre Höhlen und die Vögel ihre Nester; der Menschensohn aber hat keinen Ort, wo er sein Haupt hinlegen kann.»

Eingedenk der oben dargelegten fünf Prinzipien habe ich statt dessen geschrieben:

Jeder Fuchs hat eine Höhle
Jeder Vogel hat ein Nest

                        Nur Menschen sind obdachlos

II. Texte und Bilder

«Die Stimmen, die aus dem Altertum zu uns sprechen, sind überwiegend die einer gebildeten Minderheit, Stimmen der Eliten. Die modernen Stimmen, die deren Erzählen fortsetzen, sind überwiegend diejenigen weißer, bürgerlicher, männlicher Bewohner Europas und Nordamerikas. Diese Männer können imperialistische, autoritäre Sklavenhaltergesellschaft rühmen, und sie tun das. Die Altertumswissenschaft wird oft fern der wirklichen Welt betrieben, hygienisch frei von Werturteilen – von den Werturteilen der stummen Massen, jener 95 Prozent, die wußten, wie es um sie bestellt war, die im dunkeln bleiben und den Geschichtsschreibern unsichtbar.

Die Bauern sind kein Teil der alphabetischen Welt, die im Mittelpunkt der allermeisten Rekonstruktionen der alten Geschichte steht. Tatsächlich waren die Landleute, die *pagani*, nicht einmal Teil der Welt der armen, aber in Städten wohnenden Christen. Ihr Analphabetismus und Provinzialismus verbirgt sie fast gänzlich dem historischen Rückblick.»

Thomas F. Carney, *The Shape of the Past*, 1975

I

Was zu finden, seid ihr in die Wüste gegangen?
   Ein Rohr, das sich im Winde biegt?
Was zu finden, seid ihr in die Wüste gegangen?
   Einen Mann, der die Kleider eines Königs trägt?
Was zu finden, seid ihr in die Wüste gegangen?
   Einen Propheten?
Gewiß, doch auch mehr,
   viel mehr als nur einen Propheten

2

In aller Vergangenheit
  ist niemand in der menschlichen Geschichte
    größer als Johannes der Täufer
In aller Zukunft
  ist jeder in Gottes Reich
    größer als Johannes der Täufer

3

Vor Johannes dem Täufer
   wurden das Gesetz und die Propheten
Nach Johannes dem Täufer
   wurde das Reich Gottes angegriffen

4

Ihr habt Verstand, macht davon Gebrauch

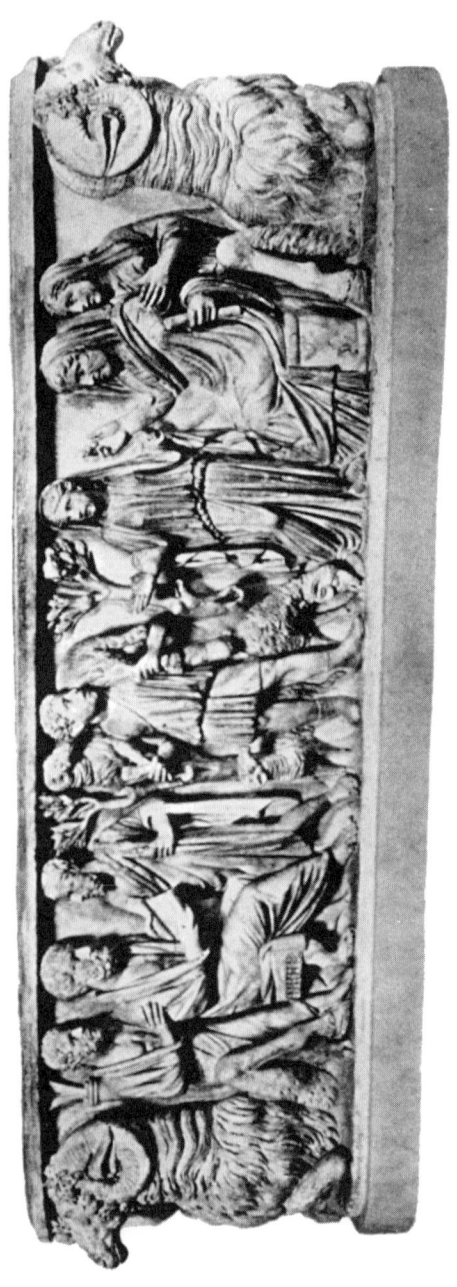

- 48 -

5

Die Saat aus des Sämanns Hand
    fällt manchmal zu nah an den Wegrand
        und die Vögel fliegen herab und fressen sie
    fällt manchmal auf verborgene Felsen
        und die flachen Wurzeln verdorren in der Sonne
    fällt manchmal auf untergepflügte Dornbüsche
        und die Dornen schlagen neu aus und ersticken sie

Doch die Saat aus des Sämanns Hand
    fällt auch auf guten Boden
    und erträgt:
        dreißig Körner an einem Halm
        sechzig Körner an einem Halm
        einhundert Körner an einem Halm

Abbildung 1. Dieser zwischen 250 und 275 entstandene proto-christliche Sarkophag kann als heidnisches oder als christliches Werk angesehen werden.

6

Bitte und erhalte
Suche und finde
Klopfe, und die Tür öffnet sich weit

7

Geht wie Lämmer zu einem Wolfsrudel

Keinen Stab in der Hand
Keine Sandalen an den Füßen
Keinen Ranzen auf dem Rücken
Kein Geschwätz unterwegs
Und die gleiche Kleidung Tag und Nacht, Sommer und Winter

8

Propheten werden in ihren eigenen Dörfern abgelehnt

Ärzte werden nicht zur Kenntnis genommen,
 wo sie zuhause sind

Abbildung 2. Ganz rechts: Eine typische Taufszene, in der Johannes der Täufer als bärtiger, älterer Mann die Taufe an dem als nackter Knabe dargestellten Jesus vollzieht. Siehe das Verzeichnis der Bilder, Nr. 9.

9

Gebt aller Welt ein sichtbares Beispiel

10

Dich anhören
oder mich anhören
   ist nicht uns zu hören
   sondern Gott, der uns beide gesandt hat

11

Ein Gutsherr schickte einen Knecht, den Pachtzins von den Pächtern eines Weinbergs einzutreiben
　Aber sie schlugen den Knecht und schickten ihn mit nichts zurück
Der Eigentümer dachte, daß der Knecht sich verirrt haben könnte und schickte einen anderen
　Doch auch der wurde geschlagen und ohne den Pachtzinz zurückgeschickt

«Ich werde meinen einzigen Sohn schicken,» beschloß der Eigentümer, «dessen Autorität werden sie gewiß gelten lassen»
«Wir werden den Erben töten,» beschlossen die Pächter, «dann können wir den Weinberg für uns behalten»

12

Das Reich Gottes kommt nicht zu irgendeiner
zukünftigen Zeit
    Du kannst auf kein Zeichen seines Kommens
    hinweisen
Das Reich Gottes kommt nicht an einem
besonderen Ort
    Du kannst den Platz, wo es hinkommt, nicht zeigen
Das Reich Gottes ist bereits hier, unter euch, jetzt

13

Aus der Menge rief eine Frau
  «Glücklich der Schoß, der dich geboren hat
  die Brüste, die dich nährten»
Jesus antwortete der Frau
  «Glücklich die Ohren, die das Wort Gottes hören
  der Wille, der dem Wort Gottes folgt»

Abbildung 3. Eine typische Mahlszene: Das Fresko zeigt einen großen Fisch und einen Brotkorb. Siehe das Verzeichnis der Bilder, Nr. 22.

14

Wenn ein Mann sich von seiner Frau scheidet und wieder heiratet
   begeht er Ehebruch gegen seine Frau
      (denn eine Frau hat Rechte wie ein Mann)

Wenn ein Mann eine geschiedene Frau heiratet
   begeht er Ehebruch gegen diese Frau
      (denn eine Frau hat Rechte wie ein Mann)

15

Reinheit und Unreinheit
 ist nicht, was in den Mund hineingeht

Reinheit und Unreinheit
 ist, was herauskommt

Abbildung 4. Eine typische Mahlszene: Ein Mann streckt die Hand nach Brot und Fischen aus, während auf der anderen Seite des Tisches, auf dem die Speisen stehen, eine Frau in der klassischen Gebärde der Frömmigkeit die Hände zum Gebet erhebt. Siehe das Verzeichnis der Bilder, Nr. 24.

16

Geh ein in das Reich
Werde ein Kind

Werde ein Kind
Geh ein in das Reich

17

In jedem Haus, das euch aufnimmt
   heilt die Kranken
   teilt ihr Mahl
und da
   ist das Reich Gottes

18

Vergebt die Schuld, die ein anderer schuldet
Wie Gott die vergibt, die ihr schuldet

19

Wer jemand ist, wird niemand sein
und
wer niemand ist, wird jemand sein

Abbildung 5. Links: Eine typische Lehrszene. Rechts: Vier um einen Tisch gelagerte Männer beim Mahl. Siehe das Verzeichnis der Bilder, Nr. 12 und 25.

20

Das Verborgene ist nicht auf ewig verborgen
Das Geheime ist nicht geheim für immer

21

Das Reich Gottes ist Senf
  ein Korn, klein genug
    sich unter anderen zu verlieren
  eine Pflanze, groß genug
    Vögeln Schatten zu bieten

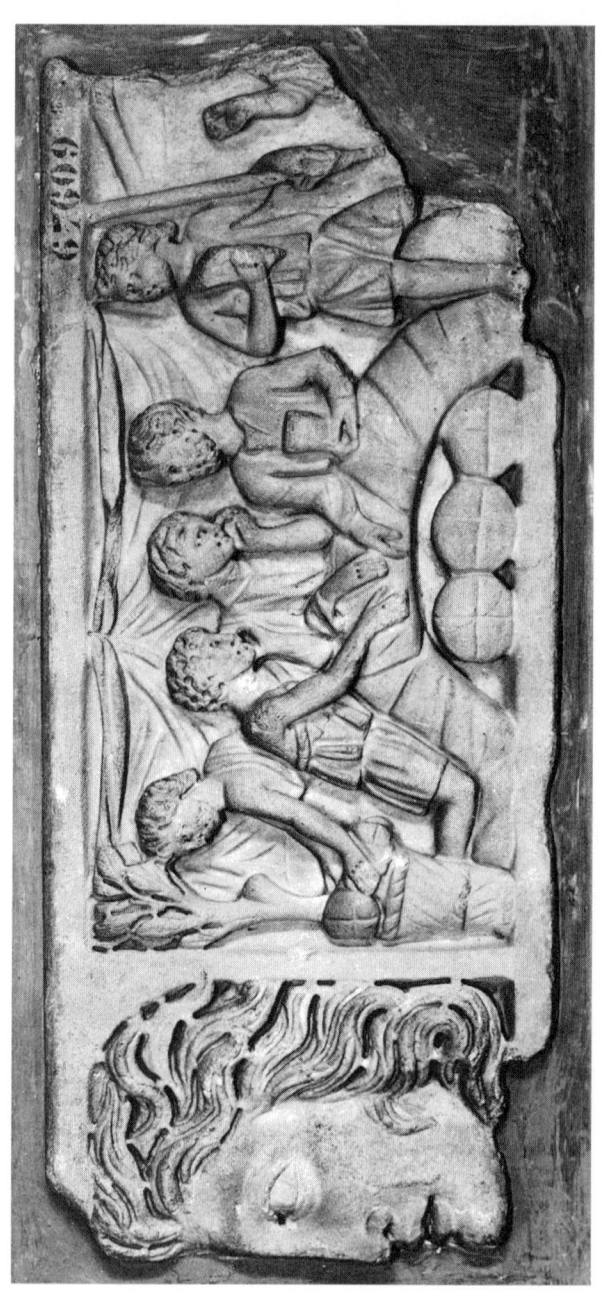

22

Die Lampe
 gehört nicht unter einen Korb
 sondern auf einen Ständer
 gehört nicht in den Keller
 sondern an die Haustür

Abbildung 6. Ländliche Mahlzeit. Siehe das Verzeichnis der Bilder, Nr. 26.

23

Seid arglistig wie Schlangen

Seid arglos wie Tauben

24

Das Reich Gottes ist so

   Am Tage säte der Bauer Korn auf sein Feld
   doch in der Nacht kam ein Feind und säte
      Unkraut darunter
   Später, als beide nebeneinander sprossen,
      verstand er alsbald, was geschehen war
   Doch als seine Knechte sich erboten, das Unkraut
      zu jäten
   sagte er, sie sollten beides wachsen lassen bis zur Ernte
   dann könnten die Schnitter das Korn in die
   Scheuer bringen
   das Unkraut ins Feuer werfen

(Aber wie ist das Reich Gottes so?)

25

Die Reichen bekommen mehr
Die Armen verlieren alles

Abbildung 7. Mahlszene. Siehe das Verzeichnis der Bilder, Nr. 27.

26

Nur die Mittellosen

sind unschuldig

27

Ihr schaut zur Erde und zum Himmel
und sagt, wie das Wetter wird

Dann schaut das Hier und Jetzt an
und seht, was sich unter euch regt

28

Ein Wirt sandte seinen Knecht aus, Freunde zu einem Gastmahl zu laden

Er sagt zu dem ersten: «Mein Herr lädt dich ein auf den heutigen Abend»

Der erste erwiderte: «Ich muß Kaufleute erwarten, die mir Geld schulden
Bitte entschuldige mich»

Er sagte zu dem zweiten: «Mein Herr lädt dich ein auf den heutigen Abend»

Der zweite erwiderte: «Ich muß das Hochzeitsmahl für einen Freund vorbereiten
Bitte entschuldige mich»

Er sagte zu dem dritten: «Mein Herr lädt dich ein auf den heutigen Abend»

Der dritte erwiderte: «Ich muß die Pacht von einem neuen Gut einholen
Bitte entschuldige mich»

Der Knecht berichtete, daß alle sich entschuldigt hatten, und der Wirt sagte
«Geh auf die Straße
und bringe zu meinem Gastmahl
jeden, den du triffst»

29

Sie sagten zu Jesus
  «Sollen wir Caesar Steuern zahlen oder nicht?»

Er sagte zu ihnen
  «Zeigt mir die Münze und sagt mir, wessen Bild und Inschrift darauf ist»

Sie sagten zu Jesus:
  «Caesars»

Er sagte zu ihnen
  «Gebt Caesar zurück, was Caesar gehört
  Gebt Gott zurück, was Gott gehört»

30

Nur wer kein Brot hat
ist ohne Fehl

Abbildung 8. Fünf junge Männer beim Mahl mit Wein, Brot und einem Schweinskopf. (Dies ist die einzige erhaltene Darstellung eines Mahls, bei dem Fleisch auf den Tisch kommt.) Siehe das Verzeichnis der Bilder, Nr. 28.

31

Rette dein Leben
Verliere dein Leben

Verliere dein Leben
Rette dein Leben

32

[Möge der Leser wählen]

Die nicht gegen euch sind
   sind für euch

Die nicht für euch sind
   sind gegen euch

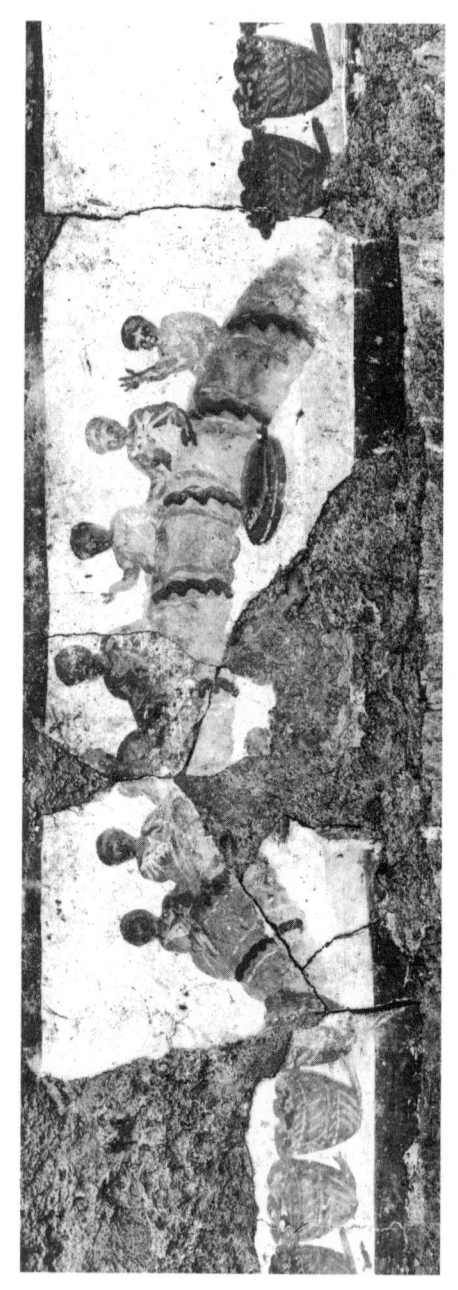

33

Das Reich Gottes ist so

> Ein Fischer zog sein Netz gefüllt aus der See
> Unter den vielen kleinen Fischen war ein einziger großer
> Den ergriff er und warf die übrigen zurück

(Aber wie ist das Reich Gottes so?)

Abbildung 9. Mahlszene: Siehe das Verzeichnis der Bilder, Nr. 32.

34

Wenn du ein Feuer anzündest
willst du, daß es brennt

35

Das Reich Gottes entzweit den Haushalt
  drei gegen zwei
  zwei gegen drei
    Vater gegen Sohn
    Sohn gegen Vater
    Mutter gegen Tochter
    Tochter gegen Mutter
    Schwiegermutter gegen Schwiegertochter
    Schwiegertochter gegen Schwiegermutter

36

Das Reich Gottes ist so

> Der Bauer sät
> Der Samen fällt
>> Der Bauer wartet, von der Nacht zum Tage
>> Der Halm wächst, von der Ähre zum Korn
>>> Aber nun ist die Zeit reif
>>> Und nun ist die Sichel bereit

(Aber wie ist das Reich Gottes so?)

Abbildung 10. Diese Tischgemeinschaft von sechs Personen scheint die einzige christliche Darstellung einer Mahlszene aus vorkonstantinischer Zeit zu sein, auf der man auch Frauen erblickt. Siehe das Verzeichnis der Bilder, Nr. 33.

37

Ehe er auf Reisen ins Ausland ging, vertraute ein Edelmann einem Verwalter fünf Talente an, einem anderen zwei und einem dritten eins
    Der erste machte fünf Talente mehr
    Der zweite machte zwei Talente mehr
    Der dritte machte ein Loch in den Boden und verbarg seins

Als er endlich heimkehrte, rief der Edelmann die Verwalter und forderte Rechenschaft von ihnen

    Erster Bericht: «Ich habe Euer Geld verdoppelt»
    Erwiderung: «Ich werde deine Macht verdoppeln»

    Zweiter Bericht: «Ich habe Euer Geld verdoppelt»
    Erwiderung: «Ich werde deine Macht verdoppeln»

    Dritter Bericht: «Ich hatte Angst
        Ihr seid kleinlich: Ihr erntet, ohne zu säen
        Ihr seid hart: Ihr hortet, ohne zu ernten
    so verbarg ich das Geld, und da ist es»

    Erwiderung: Du hättest es nicht im Boden verbergen, sondern auf die Bank bringen sollen
        Und zurückbringen sollen nicht allein, sondern mit Zinsen»

Der Edelmann nahm dem dritten Verwalter das Geld und die Macht und gab sie dem ersten

38

Den Fussel im Auge des anderen siehst du
Den Baum in deinem eigenen bemerkst du nicht

39

Baue eine Stadt auf einem Berg
Und befestige sie gut

Sie kann nicht genommen werden
Sie kann nicht versteckt werden

Abbildung 11. Zur Linken dieser Darstellung eines ländlichen Mahls ist die Taufe Jesu durch Johannes den Täufer abgebildet. Siehe das Verzeichnis der Bilder, Nr. 10 und Nr. 34.

40

Was du hörst
in Dunkelheit

sprich
bei Tageslicht

   Was du hörst
   flüstern

   rufe
   von den Dächern

41

Die Blinden führen die Blinden gerade in den Graben

42

Das Reich Gottes ist so
   Ein König befahl, mitsamt seiner Familie und all seinem Besitz einen Schuldner zu verkaufen, der nicht fähig war, ihm zehntausend Talente zu zahlen
      «Habe Geduld», bat der Schuldner, «und ich werde alles bezahlen»
   Aus Mitleid erließ er ihm die ganze Schuld

Der erste Schuldner traf einen eigenen, der ihm einhundert Denare schuldete
      «Habe Geduld», bat der andere,
      «und ich werde alles bezahlen»
Er warf ihn ins Gefängnis, bis er die ganze Schuld bezahlen konnte

Seine Freunde erzählten dem König, was geschehen war, und er rief den ersten Schuldner zurück
      «Ich erließ dir deine Schuld aus Gnädigkeit
      Aus Gnädigkeit hättest du das gleiche tun sollen»
Er warf ihn ins Gefängnis, bis er die ganze Schuld bezahlen konnte

(Aber wie ist das Reich Gottes so?)

43

Um das Haus der Mächtigen zu zerstören
mußt du die Waffen schlagen, die es beschützen

44

Seht die Vögel über euren Köpfen
   sie säen und sie ernten nicht
   sie speichern und sie horten nicht
doch Tag für Tag gibt Gott ihnen Nahrung

Seht die Blumen zu euren Füßen
   sie krempeln und sie spinnen nicht
   sie weben und sie nähen nicht
doch glänzte König Salomo nicht so hell wie sie

   Warum sorgt ihr euch also um euer Leben
     was ihr zu essen kriegen werdet
     was ihr anzuziehen haben werdet

Abbildung 12. Rechts: Fragment einer Tischgesellschaft mit Diener, der einen großen Brotkorb hält. Siehe Verzeichnis der Bilder, Nr. 35.

45

Du kannst nicht gleichzeitig
zwei Pferde besteigen

Du kannst nicht gleichzeitig
zwei Bogen spannen

Du kannst nicht gleichzeitig
zwei Herren dienen

46

Niemand trinkt guten alten Wein
Und läßt ihn, um neuen Wein zu trinken

47

Niemand flickt alte Kleider mit neuem Stoff
Niemand füllt neuen Wein in einen alten Schlauch

Abbildung 13. Rechts: Zwei Männer bringen Brot aus einem Ofen zu vier Männern, die beim Mahl lagern. Siehe das Verzeichnis der Bilder, Nr. 36.

48

Das Königreich annehmen
ist
deine Mutter und deinen Vater ablehnen

Das Königreich annehmen
ist
deine Schwester und deine Brüder ablehnen

49

Räuber überfielen einen Reisenden
in einer öden Gegend an der Straße von Jerusalem
nach Jericho
   sie zogen ihn aus
      sie schlugen ihn
         sie glaubten, sie hätten ihn totgeschlagen

Ein Priester sah ihn und ging in weitem Bogen vorbei

Ein Levit sah ihn und ging in weitem Bogen vorbei

Ein Samariter sah ihn und hielt an
  er säuberte
  und desinfizierte seine Wunden
    er setzte ihn auf seinen Esel
    und brachte ihn in eine Herberge
      er gab dem Wirt zwei Denare
      und versprach, den Rest auf dem Rückweg zu zahlen

— 106 —

50

Ein reicher Gutsbesitzer plante langfristig
  «Ich werde säen, und ich werde ernten
  Ich werde pflanzen, und ich werde sammeln
  Ich werde meine Scheuern füllen
  Ich werde mehr haben, als ich brauche»

In der gleichen Nacht starb er

Abbildung 14. Oben rechts, auf dem Deckel des Sarkophags, fünf Männer beim Mahl. Siehe das Verzeichnis der Bilder, Nr. 37.

51

Nur die Elenden
sind schuldlos

52

Jesus
  wurde gebeten, einen Erbstreit zu schlichten
  und erwiderte

  «Wer hat mich zum Richter gemacht?»

53

Das Reich Gottes ist so

Ein Kaufmann verkaufte alle seine Waren, um eine einzige Perle zu kaufen

(Aber wie ist das Reich Gottes so?)

Abbildung 15. Oben, links der Mitte, sitzender junger Philosoph, mit offener Schriftrolle, lehrend. Unten, rechts der Mitte, junger Mann, in jeder Hand einen Brotlaib, zu seinen Füßen Brotkörbe. Siehe das Verzeichnis der Bilder, Nr. 14 und 43.

54

Jeder Fuchs hat eine Höhle
Jeder Vogel hat ein Nest

Nur Menschen sind obdachlos

55

Reinheit, Unreinheit,
  und das Äußere deines Bechers?

Reinheit, Unreinheit,
  und das Innere deines Herzens!

Abbildung 16. Unten, Mitte: Hier ist Jesus als philosophischer Lehrer dargestellt. Links heilt Jesus eine Frau (die Gelähmte, die er am Sabbat in der Synagoge heilte), rechts einen Blinden, ganz rechts einen Aussätzigen. Oben ist nur ein Bruchstück des dort dargestellten Mahls erhalten geblieben. Siehe das Verzeichnis der Bilder, Nr. 19, 45, 59, 64 und 65.

56

Gib dein Geld nicht
  einem, der dir's mit Zinsen zurückzahlt

Gib dein Geld
  einem, der dir's überhaupt nicht zurückzahlen wird

57

Das Reich Gottes ist so

   Eine Frau nahm etwas Sauerteig
   verbarg ihn in ihrem Teig
   und backte Brote

(Aber wie ist das Reich Gottes so?)

58

Hörer meldeten
　«Deine Angehörigen sind
　da draußen und
　　suchen dich»

Jesus erwiderte
　«Meine Angehörigen sind
　hier drin und
　　suchen Gott»

59

Ist dies was geschehen würde?

Um Mitternacht ruft dein Freund von draußen
 «Ein Reisender ist bei mit eingekehrt
 und ich habe nichts zu Essen
  Bitte hilf»

Um Mitternacht rufst du von drinnen
 «Wir sind alle im Bett
 störe uns nicht
  Bitte geh»

Ist das, was geschehen würde?

60

Fastest du, Jesus?
Fasten denn Hochzeitsgäste?

61

Das Reich Gottes ist so

Ein Hirte verließ seine ganze Herde
das eine verirrte Schaf zu suchen

Er fand es, nahm es, trug es zurück
und freute sich, es in Sicherheit gebracht zu haben

(Aber wie ist das Reich Gottes so?)

Abbildung 17. Neben der Mahlgemeinschaft in der Mitte unten steht rechts Jesus in der Tracht eines kynischen Philosophen, eine Schriftrolle in der Linken. Ganz links erblickt man ihn mit dem geheilten Gelähmten, der sein Bett auf dem Rücken trägt. Ganz rechts ist die Heilung des Sohns der Witwe von Nain dargestellt. Siehe das Verzeichnis der Bilder, Nr. 46, 57 und 63.

62

EIN JÜNGERER SOHN verlangte und erhielt sein Erbteil, ging fort und verschwendete es. Elend und hungrig neidete er den Schweinen, die er hütete, ihren Fraß
Der jüngere Sohn:
>Ich werde nach Hause zurückkehren, wo die Knechte satt zu essen haben
>Ich werde zu meinem Vater sagen
>Ich habe gesündigt gegen dich und Gott
>Ich bin nicht wert, dein Sohn zu sein
>Ich will dein Knecht sein

DER VATER sah ihn, noch ehe er das Haus erreichte, lief hinaus, umarmte und küßte ihn
Der jüngere Sohn:
>«Ich habe gesündigt gegen dich und Gott
>Ich bin nicht wert, dein Sohn zu sein»

Der Vater:
>«Bringt Gewänder und Schuhe und einen Ring
>Bereitet ein großes Festmahl
>Mein verlorener Sohn ist gefunden, mein toter Sohn ist zurück»

DER ÄLTERE SOHN kam abends von der Feldarbeit, hörte Musik und fragte einen Diener, was los sei
Der Diener
>«Dein Bruder ist zurück und dein Vater feiert seine Rückkehr»

Er war zornig, weigerte sich, den Festsaal zu betreten und beklagte sich, als sein Vater herauskam, um mit ihm zu reden

Der ältere Sohn
   «Ich, der ich dir immer gehorcht habe, habe
   niemals ein Festmahl erhalten
   Er, der Schande über dich gebracht hat, erhält
   jetzt eines»
Der Vater
   «Du bist immer bei mir, und das Meine ist immer
   dein
   Doch jetzt ist Zeit zu feiern
   Dein verlorener Bruder ist gefunden,
   dein toter Bruder ist zurück»

Abbildung 18. Die Auferweckung des Lazarus. Rechts eine Rekonstruktion der Szene. Siehe das Verzeichnis der Bilder, Nr. 49.

63

Das Reich Gottes ist so

Ein Mann fand einen Schatz im Acker eines anderen
er deckte ihn zu, verkaufte alles, kaufte den Acker

(Aber wie ist das Reich Gottes so?)

64

Liebe deinen Feind

65

Denen, die ihn beschuldigten, Dämonen mit
dämonischer Macht auszutreiben
erwiderte Jesus:

Ein uneiniges Reich ist ein geschlagenes Reich
Ein uneiniger Haushalt ist ein zerstörter Haushalt

66

Hütet euch vor denen, deren Gewänder lang sind
die von allen gegrüßt werden auf dem Markt
die vor allen Platz nehmen in der Versammlung
die über allen lagern beim Mahl

67

Was, wenn die, die das Salz sind,
selbst gewürzt werden müssen?

— 130 —

68

Wenn dich jemand auf die rechte Wange schlägt
 biete ihm die linke

Wenn jemand dir den Mantel nimmt
 biete ihm das Hemd

Wenn dich jemand zwingt, eine Meile zu gehen
 erbiete dich, noch eine zu gehen

Abbildung 19. Oben, ganz links, eine Darstellung der Auferweckung des Lazarus. Siehe das Verzeichnis der Bilder, Nr. 50.

69

Ein Anhänger zu Jesus
  «Ich muß bleiben, um meinen Vater zu begraben»
Jesus zu dem Anhänger
  «Laß die Toten die Toten begraben»

70

Wenn du deinen irdischen Vater um ein Brot bittest,
 kriegst du einen Stein?

Wenn du deinen irdischen Vater um einen Fisch bittest,
 kriegst du eine Schlange?

Wenn du deinen himmlischen Vater um etwas bittest,
 wirst du es nicht kriegen?

71

Gott zählt die Sperlinge

Gott zählt die Haare auf deinem Kopf

Das macht dich viel wichtiger als Sperlinge

Abbildung 20: Unten ganz links, ist die Auferweckung des Lazarus dargestellt. Ganz rechts eine Heilung, wahrscheinlich ein Exorzismus. Oben, auf dem Deckel des Sarkophags, links der Mitte, der geheilte Gelähmte, der sein Bett trägt. Siehe das Verzeichnis der Bilder, Nr. 51, 58 und 61.

72

Du hast dein Herz begraben, wo du deinen Schatz versteckt hast

73

Ein Bauherr
der einen Turm plant
berechnet erst die Kosten

Ein Herrscher
der einen Feldzug plant
zählt erst das Heer

74

Das Reich Gottes ist so

   Eine Frau mit zehn Silbermünzen
     verlor eine im Haus

      Sie zündete die Lampe an, sie fegte den Boden,
      sie fand sie und freute sich

(Aber wie ist das Reich Gottes so?)

75

Ein Anhänger zu Jesus
  «Ich muß von meiner Familie Abschied nehmen»

Jesus zu dem Anhänger
  «Sieh nicht zurück
  wenn du den Pflug packst
  oder das Königreich»

76

Nur die Verachteten
sind untadelig

Abbildung 21. Rechts: Eine typische Lehrszene. Links: Die Auferweckung des Lazarus. Siehe das Verzeichnis der Bilder, Nr. 15 und 52.

77

Vergib
   nicht siebenfach
   sondern siebzigfach siebenfach

78

Für sie sind
   Herrscher Herrscher
   und
   Befehlshaber Befehlshaber

Für uns sind
   Herrscher Knechte
   und
   Befehlshaber Sklaven

Abbildung 22. Bruchstücke einer Darstellung der Auferweckung des Lazarus. Siehe das Verzeichnis der Bilder, Nr. 53.

79

Es ist leichter
   für Kamele, in ein Nadelöhr zu gehen
als
   für Reichtümer, ins Reich Gottes zu gehen

80

Ein Feigenbaum in einem Weinberg trug drei Jahre hintereinander keine Frucht
Der Eigentümer:
 «Der nimmt bloß Platz weg. Fälle ihn und pflanze Reben an die Stelle»
Der Winzer:
 «Gib ihm Pflege, Dünger und noch ein Jahr. Dann entscheide»

81

Spaltet das Holz
 Ich bin neben euch

Hebt den Stein
 Ich bin unter euch

Abbildung 23. Der geheilte Gelähmte trägt sein eisernes Bett auf dem Rücken. Siehe das Verzeichnis der Bilder, Nr. 56.

82

Die Mächtigen
werden erniedrigt werden

Die Niedrigen
werden erhöht werden

83

Das Reich Gottes ist so

> Eine Frau auf dem Heimweg bemerkte nicht, daß aus ihrem geborstenen Krug Korn rieselte, bis, als sie endlich ankam, der Krug leer, das Korn verloren war

(Aber wie ist das Reich Gottes so?)

84

Das Reich Gottes ist so

> Der Mörder übte mit dem Dolch an der Wand seines eigenen Hauses
> Gewiß, bereit zu sein, ging er aus, seinen starken Feind zu finden

(Aber wie ist das Reich Gottes so?)

85

Wenn du mit einer Gabe an Gottes Altar stehst und
dich erinnerst, daß dein Nachbar Groll gegen dich hegt

Laß deine Gabe auf dem Altar
und biete erst deinem Nachbarn Frieden

86

Schwöre nicht beim Himmel
  Er ist Gottes Thron
Schwöre nicht bei der Erde
  Sie ist Gottes Fußbank
Schwöre nicht bei Jerusalem
  Sie ist Gottes Stadt
Schwöre nicht einmal bei deinem eigenen Kopf
  Jedes Haar darauf gehört Gott

«Ja»
oder
«Nein»
  ist völlig ausreichend

Abbildung 24. Jesus heilt die Frau, die an Blutungen leidet. Siehe das Verzeichnis der Bilder, Nr. 62.

87

Das Reich Gottes ist so

    Um sechs Uhr morgens warb ein Gutsherr
        Tagelöhner an für seinen Weinberg
        und versprach ihnen einen Denar für ein
        Tagewerk
    Um neun, mittags, um drei und um fünf warb er
    weitere an und versprach ihnen gerechten Lohn
    Um sechs Uhr abends wurden die Tagelöhner
    bezahlt:
        die zuletzt Angeworbenen erhielten einen Denar
        die zuerst Angeworbenen erwarteten viel mehr
        doch auch sie erhielten nur einen Denar

(Aber wie ist das Reich Gottes so?)

88

Die Geburt kastriert manche

Eigentümer kastrieren andere

Es gibt auch diejenigen, die sich selbst kastrieren
um des Reichs Gottes willen

89

Ein Vater befahl seinen beiden Söhnen im Weinberg zu arbeiten
    Der erste weigerte sich, aber dann ging er hin
    Der zweite willigte ein, aber dann ging er weg

Welcher tat den Willen des Vaters?

90

Ein reicher Gutsherr verlangte Rechenschaft von
seinem Verwalter, denn der Mann sollte entlassen
werden, er wurde der Verschwendung beschuldigt

Der Verwalter sagte zu sich selbst
 Ich bin zu schwach zu graben
 Ich bin zu stolz zu betteln
 Wo sind also meine zukünftigen Freunde?

Der Verwalter sagte dann zu den Schuldnern
 Wenn du hundert Maß Öl schuldest, schreibe fünfzig
 Wenn du hundert Maß Weizen schuldest, schreibe
 achtzig

(Und selbst der Gutsherr mußte seine Klugheit preisen)

Abbildung 25. Ganz rechts: Jesus heilt den Blinden. Siehe das Verzeichnis der Bilder, Nr. 60.

91

Drinnen im Haus kleidete sich ein reicher Mann prächtig
 und speiste üppig jeden Tag
 Draußen vor dem Haus lag ein armer Mann, mit
 Geschwüren bedeckt, und erbettelte die Abfälle vom
 Tisch des reichen Mannes

Der arme Mann starb und wurde aufgehoben in die
 Arme Abrahams
 Der reiche Mann starb und wurde hinabgereicht zu den
 Schrecken der Unterwelt

Der reiche Mann bat Abraham, ihm den armen Mann
 zu Hilfe zu schicken, aber Abraham erwiderte:
     Du hattest einst alles, und er nichts
     Er hat jetzt alles, und du nichts

    Und zwischen euch liegt ein unüberschreitbarer
       Abgrund

92

Eine Witwe ohne Schamgefühl trat einem Richter ohne Gewissen gegenüber

Wieder und wieder verlangte sie Gerechtigkeit von ihm

Er gab schließlich nach, denn wenn ihn auch sein Gewissen nicht belästigte, so tat sie es

93

Wir wandeln im Schatten des Kreuzes

III. Anmerkungen zu den Texten

«Klasse also, im wesentlichen eine Beziehung, ist vor allem der kollektive soziale Ausdruck der *Tatsache der Ausbeutung* (und natürlich des Widerstands dagegen). Die Teilung der Gesellschaft in ökonomische Klassen ist ihrer Natur nach die Art und Weise, in welcher die Ausbeutung verwirklicht wird, so daß die besitzenden Klassen von den besitzlosen leben. Ich gebe zu, daß das Wort ‹Ausbeutung›, so wie ich es verwende, oft tadelnd klingen mag; aber im wesentlichen ist der Ausdruck ‹wertfrei› und bedeutet nur, daß eine besitzende Klasse von der Arbeit der Produktion befreit ist kraft ihrer Fähigkeit, sich von dem Überschuß zu erhalten, den sie den primären Produzenten entzieht durch Zwang oder Überredung oder (wie in den meisten Fällen) durch eine Mischung von beidem.»

G. E. M. de Ste. Croix, *Karl Marx and the History of Classical Antiquity*, 1975

Als Anhang 1 zu meinem Buch *The Historical Jesus: The Life of a Mediterranean Jewish Peasant*, San Francisco 1991 (*Der historische Jesus*, München 1994), habe ich ein «Inventar der Überlieferung in chronologischer Schichtung der Zeugnisse und nach Zahl der unabhängigen Textzeugen» veröffentlicht. Auf dieses Inventar beziehen sich Nummer und Titel, die man jeweils am Anfang der nachfolgenden Anmerkungen zu den hier versammelten Sprüchen Jesu genannt findet. Dort erhält man beispielsweise die Auskunft, daß die Überlieferung 51: *In die Wüste* dreifach unabhängig bezeugt ist, und zwar wie folgt: (1) ThEv. 78; (2) 2 Q: Lk. 7, 24–27=Mt. 11, 7–10; (3) Mk. 1, 2–3=Mt. 3, 3=Lk. 3, 4–6=(?) Joh. 1, 19–23. So kann man meine Version dieses Spruchs mit der Gesamtheit der überlieferten Fassungen vergleichen, wenn man das möchte. Darüber hinaus liefere ich in diesem Band für alle Sprüche und Gleichnisse meiner Sammlung je eine Fundstelle, entweder in den Evangelien des Neuen Testaments oder im Thomasevangelium (Das koptische Thomasevangelium, in: Hennecke-Schneemelcher, Neutestamentliche Apokryphen in deutscher Übersetzung, 6. Auflage, Tübingen 1990).

I

51: *In die Wüste* (siehe z. B. Matthäus 11, 7–10). Johannes der Täufer war einer von mehreren populistischen und aktivistischen Propheten, die zur Zeit der römischen Fremdherrschaft in der Heimat des jüdischen Volkes Erlösung von einer Wiederholung der archetypischen Befreiungstat, des Auszugs aus Ägypten, erhofften. Die meisten dieser Propheten führten Scharen von Anhängern aus der Wüste über den Jordan und hofften, daß Gott die Römer schlagen würde, so daß abermals, wie vor Zeiten, da Mose und Josua die Israeliten anführten, das Gelobte Land ihnen gehören würde. Sie waren gewöhnlich unbewaffnet, denn sie erwarteten ja, daß Gott mit eigener Hand eingreifen würde, um zu bewirken, was ihre menschliche Kraft nicht vermochte. Johannes der Täufer teilte diese Ideologie, setzte aber auf eine andere Strategie. Er führte keine Scharen aus der östlichen Wüste über den Jordan, sondern schickte zu seinen Hoffnungen bekehrte Einzelne an ihre Wohnorte zurück und schuf derart im ganzen jüdischen Land eine Atmosphäre gespannter apokalyptischer Erwartung. Jesus begann seine öffentliche Laufbahn als Nachfolger des Täufers und muß deshalb anfänglich ebenfalls das von Johannes verheißene baldige Eingreifen des rächenden Gottes erwartet haben. Doch an Gottes Stelle kam Herodes Antipas, und Johannes' Hinrichtung ging ohne göttliche Intervention über die Bühne. Der Spruch ist als Jesu Verteidigung des Täufers gegen seine enttäuschten Anhänger zu verstehen und fragte diese: Wen wollt ihr denn, Antipas oder Johannes? Den geschmeidigen Kleinkönig in seinen prächtigen Gewändern oder den asketischen Propheten eines richtenden Gottes?

2

85: *Größer als Johannes* (siehe z. B. Matthäus 11, 11). Dieser Spruch widersetzt sich, bei allem Respekt vor Johannes, der aus ihm spricht, der im vorigen Spruch geäußerten Meinung, daß Johannes «mehr als ein Prophet» war. Irgendwann nach der Hinrichtung des Johannes, ja vielleicht sogar unter ihrem Eindruck, hat Jesus seine apokalyptische Gotteserwartung aufgegeben und statt dessen den Glauben an die Allgegenwart Gottes, die der Weisheit zugänglich ist, gewonnen. Dieser Gott wird sich nicht durch einen zukünftigen kosmischen Kataklysmus zu erkennen geben, sondern ist durch die rechte Lebensweise jetzt und hier, in der Gegenwart, zu erfahren. Jesus spricht vom *Reich Gottes* und meist damit die Manifestation Gottes durch eine Lebensführung, die individuell wie gemeinschaftlich, in religiöser wie in politischer Hinsicht eher einer von Gott regierten als von Menschen beherrschten Welt entspricht. Deshalb, erklärte nun Jesus, bedürfe man zum rechten, gottgewollten Handeln nicht einer Apokalypse, Offenbarung der Zukunft, sondern weiser Einsicht in die Gegenwart.

3

168: *Himmelreich und Gewalt* (siehe z. B. Matthäus 11, 12–14). Der Spruch ist in allen überlieferten Fassungen nicht eindeutiger als in meiner Übersetzung. Soll man annehmen, daß das Gesetz und die Propheten durch das Kommen Johannes des Täufers aufgehoben oder jedenfalls in ihrer Geltung grundlegend verändert worden sind? Und gehört zu denen, in welchen dem Reich Gottes Gewalt angetan wurde, auch Johannes der Täufer selbst? Da der Täufer zweifellos gewaltsam zu Tode gebracht wurde, könnte man geneigt sein, die Frage zu bejahen. Doch das überlieferte Wort Jesu ist diesbezüglich keineswegs nur in diesem Sinn zu verstehen.

4

9: *Wer Ohren hat* (siehe z. B. Matthäus 11, 15). Als galiläischer Bauer war Jesus Analphabet, und seine Worte galten Hörern. Diese ermahnte er: «Wenn Ihr Ohren habt, hört», oder: «Ihr habt Ohren, macht Gebrauch davon». Damit wollte er sagen, daß seine Botschaft, klar und deutlich, jedem verständlich sein würde, der sie anhören wollte, und daß das, was er zu sagen habe, nicht esoterisch sei oder zu tiefsinnig für den gesunden Menschenverstand. Ich habe mir deshalb erlaubt, an die Stelle der «Ohren» der Überlieferung den «Verstand» zu setzen.

5

34: *Der Sämann* (siehe z. B. Matthäus 13, 3b–8). Dies ist ein Gleichnis über das Reden in Gleichnissen. Gleichnisse sind wie Samen, der Erzähler vertraut sie den Hörern an wie der Sämann die Samen dem Boden. Im Boden entscheidet sich, ob die Samen Frucht bringen werden oder nicht. Und es ist viel leichter zu erklären, weshalb unfruchtbarer Boden unfruchtbar ist, als zu erkennen, weshalb fruchtbarer Boden fruchtbar ist. Doch selbst bei fruchtbarem Boden gibt es Unterschiede. Wer sät, muß dem Boden trauen, wer Gleichnisse erzählt, muß seinen Hörern trauen.

6

4: *Fraget, suchet, klopfet an* (siehe z. B. Matthäus 7, 7–8). Nicht nur eine allgemeine sprichwörtliche Bekundung guter Hoffnung, sondern eine spezifische Verheißung hat man in diesen Worten. Die Missionare der Königreich-Bewegung dürfen Vertrauen haben sowohl in Gott als auch in die Bauern, in deren Häuser sie die Botschaft bringen.

7

1: *Sendung und Botschaft* (siehe z. B. Matthäus 10, 7–10). Hier ist Gelegenheit zum Vergleich der von Jesus ins Leben gerufenen Bewegung mit einer anderen, deren Anhänger zur Zeit Jesu überall im Mittelmeerraum tätig waren, der kynischen. Die Angehörigen der im 4. Jahrhundert v. Chr. von Diogenes von Sinope angeregten kynischen Bewegung befleißigten sich einer Lebensweise und propagierten ein Verhalten, die stets tiefste Geringschätzung aller herkömmlichen Sitten und Gebräuche unmißverständlich zum Ausdruck brachten. Die kynischen Wanderprediger führten gewöhnlich einen Wanderstab mit sich, der ihre stete Wanderschaft und Unbehaustheit symbolisierte, und einen Ranzen, der als Abzeichen ihrer Selbstgenügsamkeit über den praktischen Nutzen, den sie davon hatten, hinaus ihrem Selbstverständnis dienlich war. Ihr Wirkungsgebiet war weniger das Land als die Stadt, und ihre Ziele waren eher individualistisch als auf die Gemeinschaft bezogen. Die Missionare der Königreich-Bewegung, des von Jesus in Angriff genommenen Programms sozialer Revolution, wirkten auf dem Lande und wandten sich an die Gemeinschaft. Sie trugen weder Stab noch Ranzen, denn ihnen ging es nicht darum, Selbstgenügsamkeit zur Schau zu tragen, sondern sie wollten vielmehr ihre Solidarität mit denen, denen sie predigten, beweisen und zugleich ihre Abhängigkeit von ihnen.

8

22: *Prophet im eigenen Lande* (siehe z. B. Matthäus 13, 53–58). Jesus bediente sich hier vielleicht eines Sprichworts, das er durch die Mißbilligung seines Tuns seitens seiner Angehörigen und Nachbarn bestätigt fand. Anstatt sich in Nazaret niederzulassen und seiner Familie und seinem Dorf Gelegenheit zu geben, seine Heilkunst gewinnbringend an Genesung Suchende aus dem Umland zu vermakeln, entschied er sich für ein radikales Wanderleben und programmatische Unbehaustheit in Übereinstimmung mit der egalitären Botschaft vom Königreich, wo alle gleich sind und kein Ort Vorrang hat und Sonderstellungen nicht zu haben sind, weder für Einzelpersonen, noch für Familien, noch für Dörfer.

9

21: *Das Licht der Welt* (siehe z. B. Matthäus 5, 14a). Die Vorstellung, daß ein Bauer irgend etwas tun könnte, das über die engen Grenzen seiner dörflichen Umwelt hinaus von Belang wäre, ist seltsam genug, doch Jesus ruft die

Bauern auf, sich zu einem Leben zu bekehren, das der ganzen Welt zur Erleuchtung dienen wird.

10

10: *Den, der gesandt hat, empfangen* (siehe z. B. Matthäus 10, 40). Die Missionare der Königreich-Bewegung wurden ausgesandt, nicht um die Macht Jesu zu verkünden, sondern um die Gegenwart des Königreichs vorzustellen und zu bewahrheiten. Es kommt dabei nicht auf sie an, nicht auf Jesus, sondern auf Gott, ursprünglich.

11

46: *Die Pächter* (siehe z. B. Matthäus 21, 33–41). Weinberge verlangten hohe Investitionen sowohl an Kapital als auch an Arbeit und warfen in den ersten beiden Jahren keinen Ertrag ab, doch konnte mit ihnen schließlich ein Gewinn von 8 bis 9 Prozent erzielt werden, während andere landwirtschaftliche Investitionen bestenfalls Gewinne in Höhe von 5 bis 6 Prozent versprachen. Der Weinberg, von dem hier die Rede ist, produzierte offenbar bereits, als er verpachtet wurde. Spätere Ausleger dieses Gleichnisses haben Jesus selbst mit dem Sohn des Gutsherrn gleichgesetzt, doch geschah dies erst durch die Hinzuziehung eines Psalmenzitats (118, 22: «Der Stein, den die Bauleute verwarfen, / er ist zum Eckstein geworden»). In der hier gegebenen ursprünglichen Form ist das Gleichnis wohl ein Beispiel für die Erzählungen, mit denen Jesus seine Hörer einlud, ihren Verstand zu gebrauchen. Denn so, wie sie da steht, ist die Erzählung eine offene und deutliche Einladung zur Diskussion. Manche unter Jesu bäuerlichen Hörern werden wohl für die Pächter Partei genommen haben. Andere vielleicht nicht. Wieder andere mögen am Schluß gesagt haben: «So weit, so gut. Aber was werden diese Pächter am Ende davon haben?»

12

8: *Wann und wo* (siehe z. B. Matthäus 24, 23–26). Die apokalyptische Eschatologie erwartet das Reich Gottes als Folge eines kommenden kataklysmischen Ereignisses, mit dem Gott die in Sünden gealterte Welt reinigen und Gerechtigkeit, Frieden und Heiligkeit wiederherstellen wird. Gott wird zu einer bestimmten Zeit handeln (bald) und an einem bestimmten Ort (hier). Jesu Vision und Programm dagegen machen deutlich, daß das Reich Gottes überall zugänglich ist für jeden, der bereit ist, sich auf den von ihm gelehrten radikalen Egalitarismus einzulassen. Jesus verkündet also das Reich Gottes nicht als bevorstehendes Ereignis, sondern als jederzeit gegebene Möglichkeit.

13

24: *Selig der Leib* (siehe z. B. Lukas 11, 27–28). Als mediterrane und also in einer patriarchalisch beherrschten Welt heimische Frau nimmt die Sprecherin mutmaßlich an, daß Mariens Würde abzuleiten ist aus dem Umstand, daß sie einen berühmten Sohn gebar. Maria, meint sie, ist selig des Ruhmes ihres Sohnes wegen. Jesu Erwiderung bestreitet diese Annahme und erklärt, daß Seligkeit, Glück oder Würde für jeden zu haben sind, er sei Mann oder Frau, fruchtbar oder unfruchtbar, Mutter einer Tochter oder Mutter eines Sohnes, da es dazu nur einer Voraussetzung bedarf: der freien Einwilligung in den Willen Gottes, zu der jeder Mensch die Möglichkeit hat.

14

15: *Gegen Scheidung* (siehe z. B. Lukas 16, 18). Die Scheidung war zu Zeiten Jesu beim Adel üblicher als bei den Bauern, so daß dieser Spruch weniger als Formulierung eines abstrakten moralischen Prinzips zu verstehen ist denn als Anklage bestimmter politisch-religiöser Zustände. Die einander folgenden Eheschließungen, Scheidungen und Wiederverheiratungen der Großen entsprechend dem Wechsel ihrer politischen Bedürfnisse werden von Jesus nicht als von der Staatsräson diktierte staatsmännische Entscheidungen anerkannt, sondern als bloßer Ehebruch bezeichnet. Doch geht Jesu Kritik noch weiter und tiefer. Nach jüdischem – anders als etwa nach griechischem oder römischem – Recht konnte nur der Mann die Scheidung verlangen, nicht die Frau, und Ehebruch bestand aus jüdischer Sicht einzig in der Verletzung der Rechte des Ehemannes. Bezeichnend für die diesbezügliche jüdische Gesetzgebung und Rechtsprechung sind die Anordnungen in Deuteronomium 24, 1–4: «Wenn ein Mann eine Frau geheiratet hat und ihr Ehemann geworden ist, sie ihm dann aber nicht gefällt, weil er an ihr etwas Anstößiges entdeckt, wenn er ihr dann eine Scheidungsurkunde ausstellt, sie ihr übergibt und sie aus seinem Haus fortschickt, wenn sei sein Haus dann verläßt, hingeht und die Frau eines anderen Mannes wird, wenn auch der andere Mann sie nicht mehr liebt, ihr eine Scheidungsurkunde ausstellt, sie ihr übergibt und sie aus seinem Haus fortschickt, oder wenn der andere Mann, der sie geheiratet hat, stirbt, dann darf sie ihr erster Mann, der sie fortgeschickt hat, nicht wieder heiraten, so daß sie wieder seine Frau würde, nachdem sie für ihn unberührbar geworden ist.» Ein Mann konnte nur des Ehebruchs schuldig werden, insofern er mit seiner Handlung die Rechte eines anderen Mannes verletzte. Die Frau hatte keine Rechte, die hätten verletzt werden können. Dieser herkömmlichen Anschauung widersprach Jesu mit der Behauptung, daß in der Ehe Männer und Frauen die gleichen Rechte haben, und Ehebruch die Rechte einer Ehefrau ebensowohl verletzen kann wie diejenigen eines Ehemannes.

15

19: *Was hineinkommt* (siehe z. B. Matthäus 15, 10–11). In Begriffen von «Reinheit» und «Unreinheit» erfährt jeder die gesellschaftliche Kontrolle über sein Verhalten am eigenen Leibe. Ein modernes Überbleibsel derartiger ritueller Reinheitsgebote findet sich etwa in den Disziplinarvorschriften und dem Ehrenkodex des Militärs. So gilt ein US-Marineinfanterist mit Ohrring und langen Haaren gewissermaßen als «unrein», nicht weil er tatsächlich schmutzig oder im medizinischen Sinn Träger einer ansteckenden Krankheit wäre, sondern weil sein Erscheinungsbild als sozial anstößig und symbolisch gefährlich gilt. Reinheitsgebote zu befolgen, fällt jedoch Eliten immer leichter als Bauern, die essen müssen, was sie kriegen können, wann immer und wo immer sie es kriegen können. Jesu Widerstand gegen die jüdischen Reinheitsgebote ist weniger religiös als politisch fundiert: Widerstand des Bauern gegen den gesetzgebenden Adel. Denn wer sagt, daß der Adel der Gesellschaft die Gesetze geben soll und nicht die Bauern?

16

20: *Das Reich und die Kinder.* Die verschiedenen Fassungen dieses Spruches in der Überlieferung (die man an der oben angegebenen Stelle meines *Inventars* verzeichnet findet) beweisen, daß die überraschende Ideenverbindung «Reich:Kinder» der Entfaltung sehr verschiedener literarischer Formen und Ausdeutungen fähig ist. Formuliert findet man sie einerseits (bei Matthäus 18, 3) als Sinnspruch, andererseits (bei Markus 10, 13–16) als kleine Erzählung oder (im Thomasevangelium, Kap. 22, und bei Johannes 3, 1–10) als Dialog. Was die Interpretation betrifft, so bedeuten für die Überlieferer «Kinder» entweder sowiel wie Demütige (bei Markus und Matthäus), oder (wie im Thomasevangelium) geschlechtslose, nämlich asexuelle Asketen, oder auch die in der Taufe Wiedergeborenen (bei Johannes). Ich bin jedoch der Meinung, daß für den historischen Jesus ein Kind in erster Linie ein Niemand war, ein Wesen, auf das keinerlei Rücksicht genommen zu werden brauchte. Denn wir sollten nicht vergessen, daß in der antiken patriarchalischen Gesellschaft ein neugeborenes Kind ohne weiteres in die Sklaverei verkauft oder getötet werden konnte, wenn der Vater es nicht ausdrücklich anerkannte. Jeder war von Geburt und von der Mutter her ein Nichts, zu Jemand wurde man erst durch väterliche Anerkennung. Nicht an die Unschuld, Demütigkeit und Einfalt der Kinder denkt Jesus bei seinem Gleichnis, sondern an deren sozialen Status, ihre Nichtigkeit.

17

1: *Sendung und Botschaft* (siehe z. B. Matthäus 10, 11–14). Die von Jesus Geheilten werden ihn, geprägt von den die mediterranen Gesellschaften beherrschenden Vorstellungen von Ehre und Schande, gefragt haben, welche Gegenleistung er von ihnen fordere. Jesus sagte ihnen, daß sie, wenn sie etwas tun wollten, nichts zu tun hätten als sich zu kleiden, zu handeln und derart das Königreich zu vergegenwärtigen wie er. Denn er selbst wollte nicht einzigartig sein, sondern Vorbild. Viele dieser ersten Missionare müssen *geheilte Heiler* gewesen sein, deren Heilung nicht so sehr ein plötzliches Ereignis war als ein langsamer Prozeß, bei dem die Mission weniger das Ergebnis der Gesundung war als vielmehr ein Teil davon. Meine Übersetzung hebt nur die vier Elemente hervor, die mit höchster Wahrscheinlichkeit schon in den Anweisungen des historischen Jesus an seine ersten Missionare enthalten waren: Haus, Heilen, Essen, Königreich. Diese ersten Sendboten der Königreich-Bewegung wurden nicht in Städte geschickt, nicht einmal in Marktflecken, sondern in kleine Weiler, wo die Häuser gewöhnlich gedeckte Räume rund um einen offenen Innenhof waren, teils von einer einzigen Großfamilie, teils auch von mehreren Familien bewohnt, so daß in jedem Raum fünf bis sechs Personen Unterkunft fanden.

27: *Vergebung für Vergebung* (siehe z. B. Matthäus 6, 12). Jesu Worte über die Vergebung werden gewöhnlich zu ausschließlich in dem Sinne verstanden, daß da nur von Sündenschuld die Rede sei. Sie bezogen sich ursprünglich auf materielle Schulden. Was immer die armen Bauern Gott durch die Priester und den Tempel an Abgaben und Steuern schulden mochten, sollte ihnen vergeben sein. Umgekehrt sollten jedoch auch sie anderen die Schulden erlassen. Vergebung sollte die Verschuldung beenden.

19

31: *Erste und Letzte* (siehe z. B. Matthäus 19, 30). Die wörtliche Übersetzung «Die ersten werden die letzten sein, und die letzten die ersten» scheint nur die banale Volksweisheit zu vermitteln, daß auf nichts Verlaß ist und alles sich sehr schnell ändern kann. Im Munde eines Sozialrevolutionärs wie Jesus hatte die Aussage jedoch einen spezifischen Biß. Meine Übersetzung sucht einen Mittelweg zwischen der untertreibenden Übersetzung, die auf das erwähnte Klischee hinausläuft, und der übertreibenden, die verspricht: «Die Adligen werden Bauern sein, und die Bauern Adlige.» Jedenfalls bin ich der Überzeugung, daß die Aussage politisch zu verstehen ist.

20

32: *Das Verborgene offenbart* (siehe z. B. Matthäus 10, 26). Ein dem vorhergehenden sehr ähnlicher Spruch, insofern auch er, je nach dem Zusammenhang, in dem man ihn findet oder in den man ihn bringt, als banale Volksweisheit oder als apokalyptische Verheißung aufgefaßt werden kann. Meines Erachtens sind solche Jesus zugeschriebenen allgemeinen Aussagen stets auf die Königreich-Bewegung zu beziehen. Dieses Königreich ist zugleich Vision und Programm und wird als solches mit der Zeit allen immer klarer werden.

21

35: *Das Senfkorn* (siehe z. B. Matthäus 13, 31–32). Das Wachstum des Reichs mit dem eines Senfkorns zu vergleichen, ist nicht weniger überraschend, als dessen Angehörige mit Kindern zu vergleichen. Die Senfpflanze wurde als Heilkraut und als Gewürz geschätzt, hatte aber die gefährliche Neigung, sich unkontrollierbar auszubreiten, selbst in Gärten, wo man sie sorgfältig kultivierte, und erst recht, wenn sie unbemerkt in Getreidefeldern Wurzeln geschlagen hatte. Auch bei diesem Gleichnis gilt es zu bedenken, daß Tagelöhner, die auf anderer Leute Feldern arbeiten, es gewiß anders verstanden als etwa Gutsverwalter oder gar Gutsbesitzer.

22

36: *Licht und Scheffel* (siehe z. B. Matthäus 5, 15). Auch dieser Spruch muß als Aussage über das Königreich verstanden werden, das nicht bloß Idee, sondern Ereignis, nicht bloß Vision, sondern Programm ist.

23

38: *Schlangen und Tauben* (siehe z. B. Matthäus 10, 16b). Diese paradoxe Ermahnung verlangt von den Sendboten des Königreichs zugleich die Listigkeit von Schlangen und die Naivität von Tauben. Denn sie müssen ihre Botschaft offen und ehrlich vortragen und zugleich auf deren Ablehnung und Verfemung gefaßt sein.

24

90: *Gesätes Unkraut.* Die Geschichte ist einfach genug, aber wie war das Reich Gottes so für den historischen Jesus? Wie Matthäus die Geschichte erzählt (13, 24–30) und sie deutet (13, 36–43), handelt es sich dabei um eine Allegorie der Bestimmung der Welt zu einem kommenden Jüngsten Gericht. Aber hat Jesus dergleichen im Sinn gehabt? Soll man den Gutsherrn für weise oder dumm halten? Bewirkt nicht das von ihm angeordnete Verfahren zwar kurzfristig den Schutz der Saat, langfristig aber die Vernichtung der Ernte? Und wie würden – im Gegensatz zu den Gutsbesitzern – Tagelöhner dieses Gleichnis verstehen? Ist das Königreich wie das Korn oder wie das Unkraut? Und für wen ist es das eine oder das andere? Gleichnisse provozieren, anstatt passive Rezeption und Bewahrung im Gedächtnis zu fordern, die Einmischung der Hörer in die Erzählung, deren Auseinandersetzung mit ihren Elementen, sind also einem mündigen Publikum zugedacht – als Mittel zu dessen Ermächtigung.

25

40: *Haben und Erhalten* (siehe z. B. Matthäus 13, 12). Die, die haben, und die, die nicht haben, sind keine anderen als die oben (19) genannten «Ersten» und «Letzten», nämlich der Adel und die Bauern, die Oberschicht und die Unterschicht, die Besserverdienenden und die anderen, mit einem Wort, die Reichen und die Armen.

26

43: *Selig die Armen* (siehe z. B. Lukas 6, 20b). Gewöhnlich wird übersetzt: «Selig die Armen». Das Griechische hat zwei verschiedene Wörter für «arm» (nämlich *penēs*) und «bettelarm» (*ptōchos*), da aber im Neuen Testament die *ptōchoi* selig gepriesen werden, müßte es eigentlich heißen «selig die Bettelarmen» (oder die Mittellosen). Doch was soll das bedeuten? Hat Jesus romantische Illusionen über die beseligende Wirkung von Lumpen und Bettel? Nein, aber er spricht in einer Situation systemimmanenter Ungerechtigkeit und struktureller Gewalt, in der Imperien von Kolonien leben, Aristokraten von Bauern, und zwar unter Bedingungen, unter denen eine ganze Klasse der Bevölkerung notwendig in die Bettelarmut versinkt. Denn wo man die große Mehrheit der Bauern gerade das Existenzminimum verdienen ließ, mußten zwischen 5 und 10 Prozent selbst das entbehren, weil man sie selbst entbehren konnte. Jesus preist die Angehörigen dieser entbehrlichen Klasse selig, weil nur sie nicht schuldig zu sprechen sind an der das System tragenden Ungerechtigkeit.

In der von Matthäus und Lukas benutzen Spruchquelle, dem sogenannten Q-Evangelium, stehen die vier Seligpreisungen – der Armen, der Hungrigen, der Traurigen und der Verfolgten – am Anfang einer Predigt, in der diese Sprüche Jesu zu einem programmatischen Gründungsmanifest verbunden sind. Matthäus (5–7) gibt als Ort dieser Predigt einen Berg an, um Jesus als einen neuen Mose auf einem neuen Berg Sinai vorzustellen, doch handelt es sich dabei um eine erst von ihm begründete Überlieferung. Drei dieser vier Seligpreisungen – der Armen, der Verfolgten (oder Verhaßten) und der Hungrigen – erscheinen auch im Thomasevangelium (54, 68, 69) und bezeichnen das eigentliche Herzstück der Vision Jesu. Siehe auch die hier unter den Nrn. 30, 51 und 76 übersetzten Sprüche.

27

53: *Zeichen der Zeit* (siehe z. B. Matthäus 16, 2–3). Wie man die Natur liest, um das kommende Wetter zu erkennen, soll man die Zeitgeschichte lesen, um zu erkennen, daß das Königreich einem schon gegenwärtig sein kann.

28

95: *Das Festmahl* (siehe z. B. Matthäus 22,1–13). In einer solchen Situation könnten Reich und Arm, Freund und Fremder, Mann und Frau, Sklave und Freier, Reiner und Unreiner nebeneinander bei Tisch sitzen. Jede Tischordnung spiegelt aber im Kleinen die zwischen den Klassen diskriminierende hierarchische Gesellschaftsordnung. Jesus erzählt eine Geschichte, der zufolge ein Mann, den die geladenen Gäste mit seinem zubereiteten Mahl sitzenlassen (weil er sie nicht rechtzeitig eingeladen hat), eine solche jeder Gesellschafts- und Tischordnung spottende, bunt gemischte Runde bewirtet. Jeder seiner Hörer wird gewußt haben, daß der Gastgeber mit diesem Verfahren die geltenden Regeln von Ehre und Schande auf bestürzend eigenwillige Weise in den Wind schlug.

29

55: *Kaiser und Gott* (siehe z. B. Matthäus 22,15–22). Gab man, wenn man sich der kaiserlichen Besteuerung unterwarf, damit zu, daß der Caesar und nicht Gott das jüdische Volk regierte? Die Jesus gestellte Fangfrage war so formuliert, daß immer ein Teil seiner Hörer die Antwort mißbilligt hätte, gleichviel, ob er die Frage bejaht oder verneint hätte. Indem Jesus sich die Münze des Fragestellers zeigen läßt (er selbst besitzt keine?), nötigt er diesen mit dem Hinweis auf Bild und Inschrift des Kaisers zu dem Eingeständnis, daß sie dem Kaiser allerdings «gehört» und ihm deshalb zurückgegeben werden muß. Das Recht des Kaisers, Steuern zu erheben, wird also auf diese Münze beschränkt. Andererseits bleibt Gottes Herrschaftsgebiet weit offen. Jesu Erwiderung ist also eine «dumme» (tatsächlich aber raffinierte) Antwort auf eine «dumme» (nämlich hinterlistige) Frage. Sie ist keineswegs als Rechtfertigung für die Lehre von der Existenz verschiedener Geltungsbereiche göttlichen und menschlichen Rechts zu verstehen.

30

96: *Selig die Hungrigen* (siehe z. B. Lukas 6, 21). Dieser Spruch ist im Zusammenhang mit den hier unter den Nummern 26, 51 und 76 übersetzten zu lesen. Siehe die Anmerkung zu Nr. 26.

31

63: *Sein Leben retten* (siehe z. B. Matthäus 10, 39). Auch dieser bestürzend paradoxe Spruch kennzeichnet das Wesen der Königreich-Bewegung. Wer sich für diese Bewegung entscheidet, verkehrt damit die gewöhnliche Bewertung von Verlust und Rettung des Lebens.

32

57: *Für und Wider*. Die obere Fassung entspricht dem Papyrus Oxyrhynchus 1224 und Markus 9, 40=Lukas 9, 50b, die untere Fassung dagegen Lukas 11, 23=Matthäus 12, 30 aus dem Q-Evangelium. Ich finde die obere Fassung charakteristischer für Jesus, lade jedoch den Leser ein, über den Unterschied nachzudenken und selbst zu entscheiden.

33

71: *Das Fischernetz* (siehe z. B. Matthäus 13, 47–48). Aber warum nicht alle nehmen? Was werden Jesu Hörer von diesem Fischer gehalten haben? Werden sie gesagt haben: «kluger Mann», oder nicht doch eher «Blödmann»?

34

72: *Feuer auf Erden* (siehe z. B. Lukas 12, 49). Jesus sprach vom Reich Gottes, nicht von sich. Andere wurden ermutigt, gleichfalls nicht über Jesus, sondern über das Königreich zu reden. Doch bald redeten sie mehr über Jesus und legten ihm Worte in den Mund, in denen er dasselbe zu tun schien. Obgleich man deshalb bei Lukas liest: «Ich bin gekommen, um Feuer auf die Erde zu werfen ...», scheint mir die allgemeine aphoristische Formulierung, die ich gewählt habe, der Denkungsart des historischen Jesus eher zu entsprechen.

35

74: *Frieden und Schwert* (siehe z. B. Matthäus 10, 34–36). Auch hier hat Jesus ursprünglich nicht, wie es in den überlieferten Fassungen dieser Rede geschieht, von sich selbst und seinem eigenen Kommen, sondern vom Kommen des Königreichs gesprochen. Der Ausbruch der Zwietracht, den er bei dessen Kommen ankündigt, folgt zwangsläufig aus der Verfassung der Familie, wie sie in Jesu Umwelt bestand. Nicht der Glauben oder Unglauben der einen oder der anderen an das Königreich (oder an Jesus) wird die Familien spalten – wie die Zwietracht sich auch nicht am Geschlecht orientiert –, vielmehr entzieht das Königreich den bisher bestehenden Herrschaftsverhältnissen in den Familien den Boden, entzieht der Herrschaft der älteren Generation über die jüngere die Legitimation.

36

75: *Erntezeit* (siehe z. B. Markus 4, 26–29). Landwirtschaftliche Vergleiche und Gleichnisse aus der Jesu bäuerlichen Hörern aus eigener Erfahrung vertrauten Natur waren offenbar darauf berechnet, diese zu Fragen zu provozieren. Ja, Jesus, aber was ist mit dem Unkraut? Wer kann es sich leisten zu warten, als hätte er nichts anderes zu tun? Was willst du uns mit diesem Gleichnis sagen?

37

178: *Das anvertraute Geld* (siehe z. B. Matthäus 25, 14–28). Ein Talent hatte den Wert von 60 Minen oder 6000 Denaren oder 24000 Sesterzen. Zur fraglichen Zeit betrug der jährliche Grundsold eines Legionärs 900 Sesterzen (225 Denare). Zu Beginn des 2. Jahrhunderts n. Chr. vermachte Plinius der Jüngere testamentarisch zweihundert Freigelassenen eine jährliche Rente in Höhe von je 840 Sesterzen (210 Denaren). Die in Jesu Erzählung genannten Beträge sind also groß, aber nicht unvorstellbar groß – für reiche Leute. Wie mögen aber einfache Leute, zumal Bauern, auf die Geschichte reagiert haben? Mit welchem der Verwalter, von denen da die Rede ist, hätten solche Leute sich am ehesten identifiziert? Es war ja gerade die hier erwähnte Geldwirtschaft mit ihren Investitionsgewinnen, bei der günstig angelegtes Geld sich binnen kurzem verdoppelte und selbst auf die Bank gebrachtes Geld sich vermehrte, die die Bauern damals vom eigenen Land vertrieb und ihnen die Existenzgrundlage raubte. Die Erörterung dieses Gleichnisses, zu der Jesus seine Hörer herausforderte, muß notwendig auf ein Seminar in sozialer Gerechtigkeit hinausgelaufen sein. Denn wird nicht die Frage gestellt worden sein, wie und auf welche Weise die ersten beiden Verwalter es angestellt haben, das Geld ihres Herrn zu verdoppeln?

38

76: *Splitter und Balken* (siehe z. B. Matthäus 7, 3–5). Der «Baum» im Auge des anderen macht vielleicht den hyperbolischen Humor des Spruchs noch deutlicher als der herkömmliche «Balken».

39

78: *Die Stadt auf dem Berg* (siehe z. B. Matthäus 5, 14b). Man denke etwa an Sepphoris, wenige Kilometer nordwestlich von Nazaret hoch über einem Flußtal erbaut (kann nicht versteckt werden!). Man rufe sich auch in Erinnerung, wie diese Stadt im Jahre 4 v. Chr. von dem syrischen Legaten P. Quinctilius Varus zerstört wurde (kann nicht genommen werden?).

40

79: *Auf den Dächern predigen* (siehe z. B. Matthäus 10, 27). Was Jesus sagt und tut, ist allgemein verständlich und offensichtlich, nicht geheimnisvoll oder esoterisch. Er wendet sich an die Öffentlichkeit.

41

80: *Der blinde Führer* (siehe z. B. Matthäus 15, 14b). Auch hier könnte es sich um eine banale Spruchweisheit handeln, die jedoch unter den gegebenen Umständen sehr gezielter politischer Kritik dient. Denn wer beansprucht zu Jesu Zeit die Führung? Und wer wird also für blind erklärt?

42

418: *Der gnadenlose Knecht* (siehe Matthäus 18, 23–34). Die genannten Beträge sind absichtlich vom Erhabenen (10000 Talente oder 60 Millionen Denare) bis ins Lächerliche hinab gestaffelt (100 Denare). Vermutlich ist bei dem ersten Schuldner an einen Adligen zu denken, der für die Steuerpacht eines Gebiets bei der königlichen Versteigerung die Summe von 10000 Talenten geboten hatte und nun außerstande war, sie aufzubringen. Wie immer muß man versuchen, sich vorzustellen, wie Jesu Hörer auf die Erzählung reagiert haben mögen. Beim ersten Akt vielleicht: Ja, auch wir sind für Mitleid, Gnade, Vergebung. Zweiter Akt: Ja, auch wir sind gegen Mitleidlosigkeit, Gnadenlosigkeit und Unnachsichtigkeit. Dritter Akt: Ja, auch wir sind für Mitleidlosigkeit, Gnadenlosigkeit und Unnachsichtigkeit. Was ist also Mitleid, Gnade und Vergebung? Wie wirken solche Willensneigungen über einem und unter einem? Oder, was sollen wir von solchen aristokratischen Geschäften überhaupt halten? Ist denn unter dem König der Erzählung wirklich nur einfach Gott zu verstehen?

43

81: *Des Starken Haus* (siehe z. B. Matthäus 12, 29). Auch hier begegnet uns die Feststellung einer Binsenwahrheit, die den Hörer anregt, sich zu überlegen, wie sie im gegebenen Zusammenhang gemeint sein mag: wie sie etwa auf das Reich Gottes zu beziehen sei?

44

82: *Gegen Sorgen* (siehe z. B. Matthäus 6, 25–33). Radikale Gegner der bestehenden Kultur suchen die Muster alternativer Lebensweise fast unvermeidlich in der Natur. Die Natur stellt sich in diesem Spruche Jesu natürlich als romantisierte heile Welt dar, nicht so, wie wir sie kennen, als Schauplatz gnadenlosen Kampfes ums Dasein. Doch das nimmt der Herausforderung nichts von ihrem Wert.

45

86: *Zwei Herren dienen* (siehe z. B. Thomasevangelium 47, 2). Hier erhält die Binsenwahrheit, daß man nicht zugleich zwei Pferde besteigen, zwei Bogen spannen (oder auf zwei Hochzeiten tanzen) kann, eine scharfe politische Spitze durch den Hinweis, daß sie auch für den Herrendienst gilt. Denn wer sind diese beiden Herren, die unseren Dienst zugleich beanspruchen? Wenn Gott der eine ist, wer oder was ist der andere?

46

87: *Alten Wein trinken* (siehe z. B. Lukas 5, 39). Ja, natürlich, aber wo ist die Anwendung? Jesu Sprüche und Gleichnisse scheinen immer darauf berechnet, die Hörer zu eigenem Denken zu zwingen. Was ist das Alte, und was ist das Neue? Und wie ist das Gleichnis auf das Reich Gottes zu beziehen?

47

88: *Flicken und alte Schläuche* (siehe z. B. Matthäus 9, 16–17). Auch für diesen Spruch gilt das über die beiden voranstehenden Gesagte. Man darf sich nicht vorstellen, daß Jesus sich nach der Äußerung solcher Weisheiten in Schweigen gehüllt und alsbald vom Ort seiner Rede entfernt und anderswohin begeben hätte. Diese Sprüche sind vielmehr Einladungen zum Widerspruch, wollen eine Diskussion anregen. Letztlich weisen aber alle, ob ausdrücklich oder nicht, auf das Reich Gottes hin. Wer diese Sprüche mit Jesus erörterte, stand bereits in dessen Licht.

48

89: *Seine Familie hassen* (siehe z. B. Matthäus 10, 37). In allen überlieferten Fassungen dieses Spruchs stellt Jesus sich selbst, nicht ausdrücklich das Reich Gottes, in Gegensatz zur Familie («Wer Vater oder Mutter mehr liebt als mich, ist meiner nicht würdig», heißt es etwa bei Matthäus an der angegebenen Stelle). Die Alternative ist jedenfalls eine Herausforderung der auf Familiensolidarität und Sippenbindung beruhenden herkömmlichen mediterranen Gesellschaftsordnung und Moral. Doch das radikal egalitäre Reich Gottes konnte die diskriminierende hierarchische Familienordnung ebensowenig bestehen lassen wie die ihr entsprechende Ordnung der Gesellschaft im Ganzen. In meiner Übersetzung ist denn zu dieser auch nicht Jesus, sondern das Reich Gottes in Gegensatz gestellt, wie es der Absicht des historischen Jesus entspricht. Seine Bewegung war nicht eine Jesus-Bewegung, sondern die Königreich-Bewegung.

49

447: *Der gute Samariter* (siehe Lukas 10, 29–37). Der Priester und der Levit machten wahrscheinlich deshalb einen Bogen um das Opfer des Überfalls, weil sie den Mann für tot hielten und die bei der Berührung einer Leiche drohende rituelle Verunreinigung fürchteten. So scheint das Gleichnis anfänglich auf eine billige antiklerikale Pointe hinauszulaufen und die Hartherzigkeit anprangern zu wollen, die das priesterliche Reinheitsgebot befördert. Die Zuhörer mögen als barmherzigen Dritten einen jüdischen Laien ihres eigenen Schlags erwartet haben, einen Mann, der wie sie in einem solchen Fall die Vorschriften nicht so eng gesehen und bewiesen hätte, daß er das Herz auf dem rechten Fleck trägt. Statt dessen führte dann aber Jesus als barmherzigen (und zur Nachahmung empfohlenen) Gegenspieler der jüdischen religiösen Autoritätspersonen einen Samariter ein. Die Samariter aber waren eine zwischen Judäa und Galiläa ansässige ethnische und religiöse Minderheit, die über eine eigene Fassung des Pentateuch und, auf dem Berge Garizim, über ein eigenes religiöses Zentrum verfügten. Manche Juden hielten sie deswegen für Abtrünnige, schlimmer als Heiden. Den Hörern mußte sich bei diesem Gang der Erzählung die Frage stellen, inwiefern überhaupt die Volkszugehörigkeit und gesellschaftliche Stellung eines Menschen Gewähr für diese oder jene moralische Qualität und charakterliche Beschaffenheit bietet. Und weiterhin mochte dem Hörer der Geschichte vom barmherzigen Samariter die herkömmliche

Grundlage seiner Urteile über die Eigenschaften anderer Menschen fragwürdig werden. Denn wer oder was bestimmt, was im jeweils gegebenen gesellschaftlichen Rahmen als gut und böse angesehen werden, was zugelassen und was ausgegrenzt werden soll?

50

94: *Der reiche Gutsbesitzer* (siehe z. B. Lukas 12, 16–21). Der reiche Gutsbesitzer hat nichts eigentlich «Böses» getan, aber aller Reichtum kann auch ihn nicht vor dem Tode retten. Jesu bäuerliche Hörer mögen dabei zustimmend genickt haben. Aber sollten nicht auch sie Pläne gemacht haben?

51

59: *Selig die Traurigen* (siehe z. B. Matthäus 5, 4). Ich übersetze «die Elenden», was mir als Bezeichnung für die Verfassung der bei Matthäus (5, 4) «die Trauernden» und bei Lukas (6, 21b) «die, die weinen» Benannten treffender zu sein scheint als «die Traurigen» und des weiteren in Übereinstimmung mit meiner Übersetzung der übrigen Seligpreisungen steht (siehe die Nummern 26, 30 und 76 sowie die Anmerkung zu Nr. 26).

52

97: *Die umstrittene Erbschaft* (siehe z. B. Lukas 12, 13–15). Angesichts der Aussagen Jesu über die Bedeutung materieller Besitztümer für das Leben in Gottes Reich darf von ihm allerdings kaum erwartet werden, daß er einen Erbstreit zwischen Brüdern schlichtet.

53

98: *Die Perle* (siehe z. B. Matthäus 13, 45–46). Das Gleichnis ist so schwierig zu deuten, wie es kurz ist. Es scheint von einer klugen, wenn auch gewagten Kapitalanlage zu erzählen. Aber dann – worin besteht der Wert der Perle, ehe sie weiterverkauft wird für einen höheren Preis, als ihn der Kaufmann gezahlt hat? Soll das Gleichnis die Weisheit lehren, unverweilt zuzugreifen, wenn man das Königreich erblickt? Oder einem klar machen, daß man es nur haben kann, indem man es weitergibt? Oder was?

54

101: *Füchse haben Höhlen* (siehe z. B. Matthäus 8, 19–20). Ich habe für den «Menschensohn» der überlieferten Fassungen «Menschen» gesetzt. «Was ist der Mensch, daß du an ihn denkst / des Menschen Kind, daß du dich seiner annimmst?» fragt der Psalmist (Ps. 8, 5). Der «Menschensohn» ist nichts anderes als «des Menschen Kind», nämlich ein Mensch. Für den historischen Jesus hatte der Ausdruck keine andere, eigene Bedeutung, er nahm ihn nicht als besonderen Titel in Anspruch. Selbst Daniel 7, 13, «Da kam mit den Wolken des Himmels / einer wie ein Menschensohn», ist nur so zu verstehen, daß der Kommende aussah wie ein Mensch (und nicht wie ein Tier). Doch die frühen Anhänger Jesu bezogen die prophetische Aussage auf diesen selbst und legten ihm viele Sprüche in den Mund, die ihn selbst als den Menschensohn zu erkennen geben, dem bestimmt ist, hier auf Erden zu leiden und schließlich wiederzukehren und Gericht zu halten. Im übrigen sollte der hier übersetzte Spruch nicht als philosophische Reflexion darüber mißverstanden werden, daß wir Menschen keinen dauerhaften Aufenthalt auf Erden haben, denn dies gilt in gleicher Weise für Füchse und Vögel. Der Spruch beinhaltet vielmehr eine sehr pointierte Sozialkritik, die die kosmische Ungerechtigkeit hervorhebt, die in der Tatsache liegt, daß nur Menschen obdachlos sein können, nämlich von anderen Menschen obdachlos gemacht werden können.

55

102: *Innen und Außen* (siehe z. B. Matthäus 23, 25–26). Dieser Spruch sollte parallel zu dem hier unter der Nr. 15 verzeichneten gelesen werden und im Lichte der zu diesem gegebenen Erläuterungen.

56

103: *Gib, ohne wieder zu fordern* (siehe z. B. Matthäus 5, 42). Auf diese Weise käme man bald an den Bettelstab, aber hinter dieser Ermahnung Jesu steht, wie hinter so vielen seiner Aussagen (siehe etwa die hier unter den Nummern 26, 30, 51 und 71 übersetzten), die Überzeugung, daß in einem ungerecht verfaßten System nur diejenigen, die aus dem Prozeß der Ausbeutung, Beherrschung und Unterdrückung verdrängt worden sind – oder aus eigenem Willen ihre Mitwirkung verweigern –, wahrhaft unschuldig und also selig genannt werden können.

57

104: *Der Sauerteig* (siehe z. B. Matthäus 13, 33). Wie bei so vielen Gleichnissen Jesu ist auch hier schon das gewählte Bild überraschend, ganz abgesehen von der Frage, wie es auszulegen und umzusetzen sei. Für die Hörer, die ja einer patriarchalisch beherrschten Gesellschaft angehörten, muß schon befremdend gewesen sein, daß hier das Geheimnis des Königreichs in einer alltäglichen hausfraulichen Tätigkeit zu suchen sein soll. Dazu kommt, daß für die Gesellschaften des Altertums und für die jüdische sogar in besonderem Maße der aus schimmeligem Brot gewonnene Sauerteig Fäulnis und Verdorbenheit symbolisierte. Dazu paßt, daß Jesus sagt, die Frau habe den Sauerteig im Teig «versteckt» (wie etwas, dessen sie sich zu schämen hätte). Auch hier vergleicht also Jesus das Königreich mit einem Gegenstand, an dessen Wert man (wie an dem der Kinder oder des Senfkorns) in seiner Umwelt Zweifel haben durfte.

58

105: *Jesu wahre Familie* (siehe z. B. Matthäus 12, 46–50). Die Verwandtschaftsbindungen und Familienstrukturen des Mittelmeerraumes waren durchgehend hierarchisch organisiert und patriarchalisch beherrscht. Jesus hat wiederholt darauf hingewiesen, daß solche Familienbande in dem radikal egalitären Reich Gottes nicht am Platze seien.

59

449: *Freund um Mitternacht.* Das Gleichnis steht nur bei Lukas 11, 5–7, und besagt dort, wie aus dem Zusammenhang erhellt - Jesus erzählt es, nachdem er die Jünger das Herrengebet gelehrt hat und ehe er ihnen sagt: «Bittet, dann wird euch gegeben ...» (Lukas 11, 9–13) –, daß man eindringlich, ja aufdringlich zu Gott beten soll. Doch für Jesus war es ein Gleichnis für die unter Menschen wünschenswerte Gegenseitigkeit, die allgemeine Solidarität: Man hilft einem anderen, einem anderen zu helfen.

60

106: *Fasten und Hochzeit* (siehe z. B. Matthäus 9, 14–15). Man vergleiche diesen Spruch mit Jesu Erklärung: «Johannes der Täufer ist gekommen, er ißt kein Brot und trinkt keinen Wein, und ihr sagt: Er ist von einem Dämon besessen. Der Menschensohn ist gekommen, er ißt und trinkt; darauf sagt ihr: Dieser Fresser und Säufer, dieser Freund der Zöllner und Sünder!» (Lukas 7, 33–34=Matthäus 11:18a aus dem Q-Evangelium). Johannes der Täufer war ein apokalyptischer Asket, und man beschuldigte ihn, vom Teufel besessen zu sein. Für Jesus war die offene Mahlgemeinschaft, zu der jeder Zugang hatte und von der niemand ausgegrenzt wurde, ebenso programmatisch wie die Entsagung von allen sinnlichen Lüsten für Johannes. Deshalb schimpfte man denn Jesus einen Fresser und Säufer. Doch für Jesus war das Reich Gottes ein Ort, nicht sich zu kasteien, sondern sich des Lebens zu freuen.

61

107: *Das verlorene Schaf* (siehe z. B. Matthäus 18, 12–14). Es ist nicht sicher und muß auch nicht unbedingt angenommen werden, daß der Hirte, indem er auf die Suche nach dem einen verlorenen ging, die übrigen 99 Schafe seiner Herde durch Versäumnis seiner Aufsichtspflicht gefährdete. Er verweigerte nicht diesen seine Fürsorge, sondern ließ dieselbe dem verlorenen und gefährdeten Schaf zuteil werden. Soll man von prinzipieller Bevorzugung des Gefährdeten sprechen?

62

465: *Der verlorene Sohn* (siehe Lukas 15, 11–32). Lukas legt mit seiner Deutung dieses Gleichnisses dem Leser nahe, sich eher ein Beispiel an dem reuigen jüngeren Sohn zu nehmen als an dem eifersüchtigen älteren. Ich habe die Erzählung so darzubieten versucht, daß der Leser der Ambiguität im Verhalten aller drei Hauptfiguren gewahr wird. Denn, ist der jüngste Sohn nun wirklich reuig oder nur opportunistisch? Man beachte den Unterschied zwischen dem, was er sich bei der Heimkehr zu sagen vornimmt, und dem, was er dann tatsächlich sagt. Ist der Vater liebevoll und gerecht oder nachgiebig und ungerecht? Ist der ältere Sohn egozentrisch und neidisch oder ungerecht zurückgesetzt und mit Recht beleidigt? Man beachte, daß der Vater ihn zu dem Festmahl nicht rufen läßt und er einen Diener fragen muß, was die Ursache der Unruhe draußen ist. Wo ist die Mutter? Tot, oder wird sie nur ignoriert? Oder hören wir die Geschichte aus ihrer Sicht?

63

108: *Der Schatz* (siehe z. B. Matthäus 13, 44). Gerade nach jüdischem Brauch und Recht handelte der Käufer in dieser Geschichte dem Verkäufer gegenüber durchaus nicht einwandfrei. Denn wenn der Schatz dem Finder gehört hätte, hätte dieser ihn in Besitz nehmen können, ohne den Acker zu kaufen. Gehörte er jedoch dem Besitzer des Ackers, hätte der ehrliche Finder den Acker nicht kaufen dürfen, ohne den Verkäufer darauf aufmerksam zu machen, daß er dabei einen Schatz mit verkaufte. Das Gleichnis beschreibt ein zweifellos unethisches Geschäftsgebaren (und die Bemühungen zeitgenössischer Exegeten, es zu rechtfertigen, haben nur dazu gedient, den fragwürdigen Charakter der Transaktion noch deutlicher zu machen). Wie also soll das Reich Gottes ausgerechnet so sein?

64

114: *Liebet eure Feinde* (siehe z. B. Matthäus 5, 43–44). Wir glauben manchmal, daß diese Ermahnung hauptsächlich die Wandlung unserer Gefühle fordert. Jesu erste Hörer werden verstanden haben, daß damit primär eine Änderung des Verhaltens von ihnen verlangt wurde, daß sie Feinde behandeln sollten, als wären sie Freunde, daß sie Fremden wie Verwandten Gegnern wie Kumpanen begegnen sollten. Womit natürlich nicht gesagt sein soll, daß mit dieser Änderung des Verhaltens ein Wandel der Gefühle nicht hätte einhergehen sollen.

65

121: *Beelzebulstreit* (siehe z. B. Matthäus 9, 32–34 und 12, 22–26). Den Ort dieses Streits kann man dem Namen «Beelzebul» entnehmen, denn bei diesem Namen eines alten kanaanitischen Gottes nannte man zu Jesu Zeit bei den kleinen Leuten auf dem Lande den Teufel. Der Beschuldigung mag der Tatbestand Vorschub geleistet haben, daß Jesus (wie dies nach dem Befund der anthropologischen Feldforschung und vergleichenden Religionswissenschaft die Schamanen und Medizinmänner vieler Völker praktizierten und noch praktizieren) vielleicht in ekstatischer Trance geheilt und exorziert hat.

66

124: *Ehren und Grüßen* (siehe z. B. Matthäus 23, 5–7). Ein langes Gewand gab den Träger zu erkennen als einen, der nicht zu arbeiten brauchte. Jesus warnt vor den Leuten, die seinerzeit die politische und religiöse Autorität innehatten, vor den sozialen und ökonomischen Eliten, mit einem Wort: vor jedem, der jemand war.

67

126: *Das Salz salzen* (siehe z. B. Matthäus 5, 13). Auch diese Stelle könnte als banale volkstümliche Spruchweisheit durchgehen. Liest man sie aber im Zusammenhang etwa mit dem vorstehenden Spruch (Nr. 66), erweist sie sich als scharfe Kritik an denen, die sich für das Salz der Erde halten, ohne dem damit erhobenen Anspruch gerecht zu werden.

68

140: *Die andere Wange* (siehe z. B. Matthäus 5, 38–41). Hier ist von drei Formen der Gewaltanwendung die Rede, die Jesu bäuerliche Hörer oft genug am eigenen Leibe erfahren haben werden. Der Schlag auf die rechte Wange war eine Beleidigung unter Gleichgestellten, schlimm, wenn er mit dem Rücken der rechten Hand verabreicht wurde, noch schlimmer, wenn der Angreifer mit der Fläche der linken Hand schlug, weil der Schlag mit der Linken (mit der man sich den Hintern zu wischen pflegte) als besonders entehrend galt. Den Mantel konnte einem jemand abnehmen als Pfand für ein nicht rechtzeitig erstattetes kleines Darlehen. Wenn man ihm das Untergewand noch dazugab, war man nackt bis auf einen kleinen Lendenschurz. Daß jemand einen nötigte, eine Meile (und mehr) zu gehen, kam vor, wenn man zum Staats- oder Kriegsdienst gepreßt wurde, man war dabei immer in Gefahr, nicht nur Zeit zu verlieren. Jesus tut nichts, um solche Gewaltanwendung zu rechtfertigen, im Gegenteil. Aber er rät von Gegengewalt ab, empfiehlt statt dessen vielmehr Gewaltlosigkeit.

69

145: *Laßt die Toten* (siehe z. B. Matthäus 8, 21–22). Die Rede ist hier von der endgültigen Beisetzung der Gebeine des Verstorbenen, nicht von der ersten Bestattung der Leiche. Die bei den Juden gebräuchlichen Erbbegräbnisse waren unterirdische Kammern, in deren Wände Nischen gegraben waren, in welche man die Toten legte. Wenn ein Jahr später das Fleisch verwest war, sammelte man die Knochen, die dann entweder in einem Beinhaus oder im Boden der Grabkammer beigesetzt wurden. Auf diese Weise konnten die Gräber immer wieder neu belegt werden und blieben die Toten einer Familie, Generation auf Generation, beieinander. Die Bestattung war jeweils Aufgabe des ältesten Sohnes, Jesu Anhänger aber mag sich auf diese Pflicht berufen, weil er sich aus anderen Gründen scheut, ihm zu folgen. Denn da er nicht ausdrücklich sagt, daß sein Vater soeben verstorben sei – ebensowenig jedoch erklärt, daß die zweite (endgültige) Beisetzung unmittelbar bevorstehe –, ist seine Rede wohl so zu verstehen, daß er glaubt, daheim bleiben zu müssen, bis ein Jahr nach dem Tode des Vaters verstrichen ist und er der Sohnespflicht der endgültigen Beisetzung der Gebeine genügt hat. Aus Jesu Antwort auf diesen Vorbehalt spricht seine schon bekannte kritische Bewertung der sozialen Institution der Familie.

70

149: *Gute Gaben* (siehe z. B. Matthäus 7, 9–11). Patriarchalische Vaterschaft und die patriarchalische Familie waren nicht, was Jesus im Sinn hatte, wenn er Gott einen Vater nannte. Denn die Familie dieses himmlischen Vaters ist jedes Menschen Familie, und in ihrem Schoße gibt es weder Diskriminierung noch Hierarchie.

71

159: *Gott und die Sperlinge* (siehe z. B. Matthäus 10, 29–31). Oft kritisiert Jesus, wie dies auch die kynischen Anhänger des Diogenes von Sinope taten, die Kultur unter Berufung auf die Natur. Jede Kulturrevolution muß notgedrungen auf die selbst als göttlich empfundene – oder doch einem übernatürlichen Gott unterworfene – Natur rekurrieren.

72

160: *Herz und Schatz* (siehe z. B. Matthäus 6, 21). Meine freie Übersetzung (Matthäus und Lukas, 12, 34, überliefern aus dem Q-Evangelium nur: «wo dein Schatz ist, da ist auch dein Herz») deutet die Verbindung von Herz und Schatz negativ. Der vergrabene Schatz ist verborgen, in Sicherheit; das vergrabene Herz aber ist beerdigt, tot.

73

461: *Der Turmbauer* und 462: *Der kriegführende König* (siehe Lukas 14,28–32). Mit diesen Sprüchen ermahnt Jesus seine Anhänger zu bedenken, daß der Einlaß ins Reich Gottes seinen ganz spezifischen Preis hat.

74

464: *Das verlorene Geldstück* (siehe Lukas 15,8–10). Man vergleiche dieses Gleichnis mit dem vom verlorenen Schaf (Nr. 61). Gern stellt man sich Jesus als Guten Hirten vor, doch selten fällt es einem ein, ihn als gute Hausfrau zu sehen.

75

146: *Wer zurücksieht* (siehe Lukas 9,61–62). Dieser Spruch ist im Zusammenhang mit dem oben unter der Nr. 69 angeführten zu verstehen. Das hier gewählte Bild ist unmittelbar einleuchtend. Beim Pflügen gilt es, nach vorn zu blicken und den Pflug ins Auge zu fassen, nicht hinter sich die gepflügte Furche zu bewundern.

76

48: *Selig die Verfolgten* (siehe z. B. Matthäus 5,10–12). Selig pries Jesus die, die beschimpft und verfolgt und auf jede mögliche Weise verleumdet werden. Nur diejenigen, die beschimpft und verfolgt und ausgegrenzt werden, sind unter den Bedingungen systematisch erzeugter Ungerechtigkeit als unschuldig, untadelig, glücklich oder selig zu schätzen. Denn wenigstens sind sie, und zwar nur sie allein, für das Funktionieren des ungerechten Systems nicht verantwortlich. Siehe die Bemerkungen zu dem oben unter Nr. 26 erläuterten Spruch.

77

172: *Unbegrenzte Vergebung*. Die Zahlen bedeuten nur, daß auf jeden Fall und immer wieder grenzenlos vergeben werden soll. Die bei Matthäus 18,21–22 überlieferte radikalere Fassung des Spruchs (der meine Übersetzung folgt) macht dabei die Reue des Schuldigen nicht zur Bedingung für die Vergebung (wie die von Lukas 17,4 gebotene Version).

78

191: *Führer als Knecht* (siehe z. B. Matthäus 18,1.4). Der egalitären Vision Jesu entsprechend sind Führungsrollen im Reich Gottes den Mustern von Herrschaft, Befehl und Führung, wie sie im Römischen Imperium oder sonst einem irdischen Reich üblich sind, diametral entgegengesetzt.

79

199: *Reich und Reichtümer* (siehe z. B. Matthäus 19,23–26). Das gewählte Bild ist humoristisch übertrieben, aber die Aussage stimmt überein mit derjenigen anderer Sprüche Jesu, in denen die Mittellosen selig gepriesen und die Reichen getadelt werden. Da Jesus die Reichen an anderer Stelle auffordert, ihren Besitz zu verkaufen und an die Armen zu verteilen, galt ihm offenbar Besitz nicht schon an sich als böse – bei dessen Umverteilung wäre sonst ja nur das Böse umverteilt worden. Böse war jedoch Besitz unter den Bedingungen des bestehenden Systems ungerechter Aneignung landwirtschaftlicher Überschüsse, die zur Verschuldung und schließlich Enteignung der freien Bauern führte und diese als Pächter, Tagelöhner, Bettler, Räuber zunehmend verelenden ließ.

454: *Der unfruchtbare Baum* (siehe Lukas 13, 6–9). Auch dieses Gleichnis ist ohne Kenntnis der Situation, in der Jesus es ursprünglich vortrug, schwer zu deuten. Was mögen seine bäuerlichen Hörer zu der Geschichte gesagt haben? Werden sie die Partei des Eigentümers oder die des Winzers ergriffen haben? Man darf sich wohl fragen, ob nicht die Diskussion dieser Erzählung, wie auch vieler anderer Gleichnisse Jesu, dazu diente, Klassenbewußtsein bei den Bauern zu wecken oder zu stärken, ihnen bewußt zu machen, daß sie nicht von diesem oder jenem Individuum, sondern systematisch unterdrückt wurden.

81

311: *Stein und Holz* (siehe das Thomasevangelium 77, 2). Der überlieferte Wortlaut besagt: «Spaltet das Holz, ich bin da. Hebt einen Stein auf, und ihr werdet mich dort finden.» Wo Jesus angeblich von sich selbst spricht, spricht gewöhnlich nicht der historische Jesus, sondern eine ehrfürchtige spätere christliche Gemeinde. Wenn jedoch dieser Spruch den Glauben an Jesu mystische Allgegenwart befördern soll, ist immerhin bemerkenswert, daß er deren Entdeckung bei der alltäglichen Handarbeit verheißt. Vielleicht soll das gesagt werden: Jesus ist unter denen zu finden, die mit den Händen arbeiten. Aber weshalb hätte der historische Jesus derart eine Tatsache ins Licht setzen sollen, die zu seinen Lebzeiten ohnedies für jeden offensichtlich war? Wir haben es also hier vielleicht weniger mit einem originalen Spruch Jesu zu tun als vielmehr mit einer zutreffenden Aussage über den historischen Jesus.

379: *Erhöhung und Erniedrigung* (siehe z. B. Matthäus 23, 12). Jesu Aussage hier gleicht der des oben unter Nr. 19 übersetzten Spruches. Auch im vorliegenden Fall müssen wir selbst entscheiden, ob wir die fragliche Aussage als unverbindliche Binsenweisheit über die Unberechenbarkeit des Schicksals nehmen oder als gezielte Kritik an konkreten sozialen Verhältnissen und politisch-religiösen Machtstrukturen.

83

320: *Der leere Krug* (siehe das Thomasevangelium 96). Das Bild dieses Gleichnisses ist unmittelbar einleuchtend. Aber wo führt es hin? Kann man auch das Reich Gottes so still und unauffällig verlieren, daß einem dessen Verschwinden erst auffällt, wenn es unwiderruflich verloren ist?

84

321: *Der Mörder* (siehe das Thomasevangelium 98). Wie die oben unter Nr. 73 beschworenen Bilder lehrt auch dieses, daß die Ausführung großer Pläne sorgfältiger Vorbereitung bedarf. Aber das gegenwärtige Bild scheint überdies anzudeuten, daß bei der Aufrichtung des Gottesreichs auch Gewaltanwendung am Platze sein mag. Jesus wollte mit der Verwendung gerade dieses Bildes aber wohl die Gewaltanwendung nicht empfehlen, sondern vielmehr nur zur Diskussion stellen (wie mit dem unter Nr. 3 übersetzten Spruch). Es sollte die Hörer dazu herausfordern, sich klar zu werden über die eigene Einstellung zur Gewalt als Mittel zum Zweck.

85

371: *Gebet und Vergebung* (siehe z. B. Matthäus 5, 23-24). Die Gabe, der Altar und selbst Gott müssen warten, wenn es gilt, Versöhnung mit dem Feinde herbeizuführen und Frieden zu schließen. Die Versöhnung auf Erden hat Vorrang vor der Darbringung der Opfergabe an den Himmel.

86

372: *Gegen Schwüre* (siehe z. B. Matthäus 5, 33-37 und 23, 22). Himmel, Erde, Jerusalem, der eigene Kopf werden nur euphemistisch angerufen, geschworen wird in allen Fällen «bei Gott». Jesus tadelt nicht einfach nur unbesonnene Schwüre, sondern jeden, auch den feierlichsten Eid. Denn wozu bedarf es der Schwüre? Dürfen wir denn, wenn wir nicht gerade schwören, die Wahrheit zu sagen, nach Belieben lügen? Keineswegs, denn wir sollen unter allen Umständen die Wahrheit sagen.

87

419: *Die Arbeiter im Weinberg* (siehe z. B. Matthäus 20, 1-15). Ein Gleichnis, das geeigneter wäre, ein Publikum von Armen und Elenden, ein Publikum von Tagelöhnern zum Beispiel, in Zorn zu versetzen, ist schwer vorstellbar. Zunächst, weil ja der Gutsherr ein geiziger Arbeitgeber zu sein scheint, der lieber fünfmal am Tag Leute einstellt, anstatt allen gleich für den ganzen Tag Arbeit zu geben. In der von Matthäus referierten Fassung wird von dem Mann zudem zweimal auf die «Untätigkeit» der auf Anwerbung wartend auf dem Marktplatz stehenden Arbeiter Bezug genommen. Sodann zahlt er am Ende zwar jedem wohl genug, doch erhellt aus seiner Handlungsweise weniger seine Großzügigkeit als die Abhängigkeit der Arbeiter von ihm. Sein Verhalten scheint weniger von Großmut und Rücksichtnahme geprägt zu sein als von Launenhaftigkeit und Verachtung. Denn wenn er Großmut hätte beweisen wollen, hätte er schließlich jedem die tatsächlich gearbeiteten Stunden doppelt bezahlen können, anstatt allen das gleiche zu geben, ob sie nun den ganzen Tag gearbeitet hatten oder kaum eine Stunde. Aber gerade wegen des provozierenden Verhaltens des Gutsherrn war diese Geschichte natürlich bestens geeignet, eine heftige Diskussion über Adlige und Bauern, Gutsherren und Tagelöhner, Großmut, Gleichheit und egalitäres Denken in Gang zu bringen – und das Walten Gottes und der Menschen vergleichend in Frage zu stellen.

88

427: *Verschnitten um des Himmelreichs willen* (siehe Matthäus 19, 10–12a). Das Mittelmeer war (ist?) ein herrliches Meer, umgeben von tiefreichenden Schichten pathologischer männlicher Sexualität, und nichts tritt dieser tiefen Unsicherheit so nahe wie die Erwähnung von Eunuchen und Kastration. Jesus will mit diesem Spruch nicht unbedingt die ehelose Askese empfehlen, vielmehr spricht er von der Kastration «um des Himmelreichs willen» hier gleichnishaft, um speziell den Männern klar zu machen, daß sie um des Reiches Gottes willen auf vertraute Privilegien, die sie in dem ungerechten bestehenden System genießen, verzichten müssen. So zielt dieses Gleichnis in die nämliche Richtung wie das von den Kindern oder vom Unkraut.

89

428: *Die beiden Söhne* (siehe Matthäus 21, 28–32). Wir mögen geneigt sein, die Frage, mit welcher der Erzähler endet, leicht beantwortbar zu finden und zu urteilen, daß der Sohn, der sich zunächst weigerte, dann aber tat, was der Vater forderte, eher in dessen Sinn handelte als der, der alsbald einwilligte, das Verlangte zu tun, es dann aber bleiben ließ. Doch in einer von Begriffen wie Ehre und Schande regierten Gesellschaft, wie derjenigen, mit der Jesus und seine ersten Hörer es zu tun hatten, mag die anfängliche trotzige Weigerung des ersten Sohnes als verletztender für die väterliche Ehre empfunden worden sein als der auf die ausdrückliche Unterwerfung unter den väterlichen Willen folgende letztliche Ungehorsam des anderen. Jedenfalls wird das Gleichnis bei den Hörern eine heftige Diskussion dieser Frage unter dem Gesichtspunkt von Ehre und Schande angeregt haben, bei der auch über den Gehorsamkeitsanspruch von Autoritäten gestritten worden sein dürfte, und man kann annehmen, daß Jesus mit seiner Erzählung eben das bezweckte.

90

466: *Der ungerechte Haushalter* (siehe Lukas 16, 1–7). Dieser Verwalter hatte den abwesenden Gutsherrn ebenso betrogen, wie er die Pächter geschröpft hatte. Er hatte offenbar deren Verpflichtungen erhöht, nicht zugunsten des Herrn, sondern zu seinem eigenen Vorteil. Der Gutsherr erhielt die ihm schuldige Pacht nicht, und in diesem Sinn verschwendete allerdings der Verwalter sein Gut. Die Pächter aber schuldeten höhere Abgaben, nicht weil der Gutsherr, sondern weil der Verwalter sie forderte. Nun, durch den Gutsherrn in Verlegenheit gebracht, entschloß sich der ungerechte Haushalter, auf seinen Profit von den Abgaben der Pächter zu verzichten, der zwischen 25 und 100 Prozent jeder fälligen Schuld betrug. Da die Pächter nicht ahnten, daß sie diese Beträge dem Gutsherrn nie geschuldet hatten, mußte es ihnen jetzt so vorkommen, als erließe ihnen der Verwalter großmütig einen Teil ihrer Abgabenlast, und als schuldeten sie ihm als ihrem Patron dafür zukünftig Klientendienste. Auch dieses Gleichnis vom ungerechten Haushalter dürfte Jesu erste Hörer zu lebhaften Diskussionen über die Mittel und Wege von

Pächtern, Verwaltern und Gutsbesitzern angeregt und zur Stärkung eines Klassenbewußtseins bei ihnen beigetragen haben.

91

471: *Der reiche Mann und der arme Lazarus* (siehe Lukas 16, 19–31). Die Geschichte erzählt von einer genauen Umkehrung des Verhältnisses zwischen dem reichen Mann und dem armen Mann, Lazarus. Dem Abgrund, der in dieser Welt zwischen ihnen gähnt, entspricht in der nächsten Welt ein nicht weniger tiefer. Über die moralischen Qualitäten der beiden wird nichts gesagt. Ob der reiche Mann böse oder der arme gut war, erfahren wir nicht. Offensichtlich wird aber ihr Verhältnis in der anderen Welt ganz automatisch umgekehrt. Die hiesigen Armen werden dort die Reichen sein, die hiesigen Reichen dort die Armen. Auch diese Erzählung wird Diskussionen unter Jesu Hörern, die ja größtenteils arme Leute waren, herausgefordert haben.

92

473: *Der ungerechte Richter* (siehe Lukas 18, 1–8). In dem Zusammenhang, in dem dieses Gleichnis bei Lukas steht, scheint es dazu zu ermahnen, im Gebet zu Gott nicht nachzulassen. Da jedoch das Bild des ungerechten Richters zu diesem vorgeblichen Zweck nicht eben glücklich gewählt ist, betrachte man es hier nur als Zeugnis der politischen und sozialen Verhältnisse seiner Entstehungszeit, wo die Herrschenden durchweg Männer waren und daher Witwen (wie auch Waisen) Ungerechtigkeit und Unterdrückung besonders hilflos gegenüberstanden.

44: *Sein Kreuz tragen* (siehe z. B. Matthäus 10, 38). In den überlieferten Fassungen dieses Spruchs spricht Jesus in der Ichform und nachdem er tatsächlich gekreuzigt worden war, lag es für die Hinterbliebenen allerdings nahe, daß er sein eigenes Schicksal prophezeit habe. Doch um allgemein warnend von der Gefahr der Kreuzigung zu sprechen, brauchte der historische Jesus keine Sehergabe. Denn er wußte schließlich, daß er und seine Anhänger sich anschickten, Unruhe zu stiften, und daß im Römischen Reich proletarische Unruhestifter gekreuzigt wurden. Und es gibt ein ganz ähnliches Wort des heidnischen Philosophen Epiktet. Epiktet lebte von 55 bis 135 n. Chr. Sohn einer Sklavin, später freigelassen, gelangte er zu großem Ruhm, wurde aber im Jahre 89 von Kaiser Domitian aus Rom verbannt. Epiktet verband stoische Theorie mit kynischer Praxis und warnte unumwunden: «Wenn du gekreuzigt werden willst, warte nur ab. Das Kreuz wird kommen». (Dissertationes 2.2, 20).

IV. Verzeichnis der Bilder

«So komplex [das Verhältnis zwischen Orthodoxie und Häresie im früheren Christentum] auch scheint, als noch problematischer hat sich das Verhältnis zwischen schriftlicher Überlieferung und archäologischem Befund erwiesen. ... Während die Archäologen zunächst eine wesentliche Übereinstimmung beider Arten von Zeugnissen angenommen hatten ..., ist es neuerdings zu einer ziemlich radikalen Änderung dieser Meinung gekommen, jedenfalls bei den Spezialisten der frühchristlichen Archäologie, die davon ausgehen, daß die archäologischen Daten im Rahmen der volkstümlichen religiösen Praxis gelesen werden müssen, nicht dem der kirchlichen Überlieferung der kanonischen Literatur. Wenn die archäologischen Daten zum Bereich der volkstümlichen religiösen Praxis gehören, muß der Interpret oder Historiker deutlich machen, wie das Zeugnis der Archäologie sich zu dem literarischen Material verhält oder, um es anders zu sagen, wie die Volksreligion sich zur kirchlichen Überlieferung verhält. Die damit aufgeworfene Frage betrifft nicht die Disziplinen der Patristik, Geschichte oder Theologie, sondern die der Religionssoziologie.«

Graydon F. Snyder, *Ante Pacem: Archaeological Evidence of Church Life before Constantine*, Macon 1985

Bilder Jesu
in vorkonstantinischer christlicher Kunst
(65 Szenen)

Dieses Verzeichnis basiert auf den Angaben in Graydon F. Snyders grundlegendem Werk *Ante Pacem: Archaeological Evidence of Church Life before Constantine*. Ich habe das auf den Seiten 42–43 des genannten Werks gebotene vollständige und detaillierte Verzeichnis in zweierlei Hinsicht vermehrt, wobei ich meine Datierungen stets an die von ihm vorgegebenen Richtlinien angepaßt habe. Einerseits habe ich eine Reihe bei ihm nicht gesondert verzeichneter Darstellungen in mein Inventar aufgenommen, die hervorgehoben zu werden verdienen, wenn sich dadurch auch am Gesamtbefund wenig ändert. Es handelt sich um die hier unter den Nummern 1b, 3, 12, 18, 25, 26, 28, 53, 60 und 80 verzeichneten Darstellungen. Andererseits habe ich die Mahlszenen als neue Kategorie eingeführt. Snyder gibt von diesem Bildtypus nur ein Beispiel (a. a. O., S. 64, hier unter den Nummern 10 und 34 verzeichnet). Ich habe alle entsprechenden Szenen unter dieser Kategorie eingeordnet. Dabei habe ich selbstverständlich Szenen gezählt, nicht Fundstücke. An ein und demselben Sarkophag sind ja manchmal fünf oder sechs verschiedene Szenen zu finden.

Ich habe die unten verzeichneten Szenen nach Möglichkeit an Ort und Stelle in Augenschein genommen, doch in einigen Fällen mußte ich mich mit Abbildungen begnügen, da mir zum Beispiel das Thermenmuseum, das Museo Nazionale Romano, das während des ganzen Sommers 1993 geschlossen war, leider nicht zugänglich war.

Von den fünfundzwanzig Abbildungen, die dieses Buch illustrieren, veranschaulichen die ersten beiden das Problem protochristlicher Ikonographie (nämlich heidnische Bildtypen, die die Christen sich aneigneten, so daß ein Werk, das einen solchen Typus zeigt, sowohl heidnisch als auch christlich sein könnte). Die übrigen Abbildungen zeigen die beiden Hauptgegenstände frühchristlicher Kunst: Mahlgemeinschaften und Heilungen.

Individuelle Szenen (5 Szenen)

Als *individuelle* Szenen bezeichne ich solche, die nur in einer einzigen Darstellung erhalten sind und deshalb zumindest beim gegenwärtigen Stand unserer Kenntnisse nicht als *typische* gewürdigt werden können. Immerhin wird man finden, daß wir es bei dem hier zuerst verzeichneten Bild vielleicht doch mit einem Typus zu tun haben, denn wenn der Gegenstand der hier unter 1a (?) und 1b (?) verzeichneten Darstellungen in der Tat, wie man vermutet, jedoch nicht mit Sicherheit behaupten kann, identisch mit dem des unter 1 katalogisierten Gemäldes ist, könnte wohl auch diese in drei Darstellungen erhaltene Szene als typisch gelten.

1. Fresko über dem Bogen zwischen zwei Abschnitten der Cappella Greca, Priscilla-Katakombe, Rom (Nestori, Nr. 39, S. 27; Wilpert 1895, Tafeln 6 und 7). Zwischen 225 und 250. Gegenstand: Die drei Weisen aus dem Morgenland bringen Maria und dem Jesuskind Gaben.

Die drei Weisen, jeder eine große Gabe mit beiden Händen tragend, gehen nach rechts auf Maria zu, die, das Jesuskind auf dem Schoß, nach links gewandt sitzt.

1a (?) Relief auf dem Bruchstück des Deckels eines Sarkophags, den eine gewisse Cyriaca für ihre Mutter anfertigen ließ, Museo Nazionale, Neapel (Wilpert, 1929–1936, Tafel 185, 1; Gerke, Tafel 31, 2). Frühes 4. Jahrhundert. Gegenstand (vielleicht): Die drei Weisen aus dem Morgenland bringen Maria und dem Jesuskind Gaben.

Das Fragment zeigt zwei nach rechts gewandte Männer,

von denen nur der erste erkennbar in Bewegung ist und den Arm ausstreckt, als wolle er eine Gabe darbringen. Da der Teil der Darstellung, der den dritten Weisen und die Empfänger der Gaben zeigen müßte, wenn es sich denn um eine Darstellung des fraglichen Gegenstands handelt, abgebrochen und verloren ist, ist die zweifelsfreie Identifizierung der Szene nicht möglich.

1b (?) Zwei Fragmente eines Reliefs, Museo Ostiense, Ostia Antica (Deichmann, Nr. 1035, S. 434, sowie Tafel 165). Ende des 3. Jahrhunderts. Gegenstand (vielleicht): Maria und das Jesuskind.

Das erste Fragment zeigt den Oberkörper einer nach rechts gewandt auf einem Stuhl mit hoher Lehne sitzenden Frau, in der man vielleicht Maria sehen darf. Das zweite Fragment ging verloren, es zeigte jedoch den Unterkörper einer auf einem Stuhl sitzenden Frau und den Unterkörper eines auf ihrem Schoß ruhenden Kindes.

2. Fresko rechts in der oberen Zone der Nordwand des Baptisteriums der christlichen Hauskirche in Dura-Europos am oberen Euphrat (Kraeling, S. 61–64, 181–186, sowie Tafeln 33, 36, 37). Zwischen 240 und 250. Gegenstand: Jesus und Petrus gehen auf dem Wasser.

Oben das Heck eines sehr großen Hochseeschiffes, auf dem vier Männer stehen, das Bild eines fünften ist zerstört, von dem eines auf dem Deck sitzenden sechsten Mannes sind Reste erhalten. Unterhalb des Schiffs stehen zwei Männer auf dem Wasser. Unten links, dem Betrachter zugewandt, Jesus (das Gesicht, dessen Malerei stark beschädigt ist, war vielleicht bärtig), bekleidet mit einer Tunika, Pallium und Sandalen. Er ergreift mit der rechten Hand die Rechte des links (vom Standpunkt des Betrachters rechts) neben ihm stehenden Petrus, der in eine Tunika und Sandalen gekleidet, jedoch nur kopflos erhalten ist.

3. Relief links auf der Front des Bruchstücks eines Sarkophagdeckels. Collegio al Campo Santo Teutonico, Rom (Deichmann, Nr. 901, S. 374–375, sowie Tafel 143).

Anfang des 4. Jahrhunderts. Gegenstand: Jesu Einzug in Jerusalem.

Jesus, bartlos, gekleidet in Tunika und Pallium, reitet auf einem Esel (dessen Vorderteil weggebrochen ist) nach rechts, die linke Hand vor der Brust in einer sprechenden oder lehrenden Gebärde. Von links folgen ihm zwei junge Männer, die kurze Tuniken und Schuhe tragen sowie jeweils in der Linken lange Palmwedel, in der Rechten Kränze halten. Im Hinterrund ist zwischen ihnen und dem Eselreiter nach rechts gewendet das Profil eines weiteren Mannes zu sehen.

4. Fresko in den unteren Zonen der Nord- und Ostwände des Baptisteriums der christlichen Hauskriche in Dura-Europos am oberen Euphrat (Kraeling, S. 71–88, 190–197, sowie Tafeln 19, 1–2, 20, 24, 26–28, 33, 42–46). Nach 240. Gegenstand: Fünf Frauen vor dem Grabe Jesu, dann im Grabe Jesu.

Die Szene ist vom südöstlichen Ende der Ostwand bis zum nordwestlichen der Nordwand fortlaufend geschildert. Fünf Frauen kommen zum Grabe Jesu und betreten es dann. Ursprünglich war die Erzählung offenbar in zwei Bilder gefaßt, deren erstes die Frauen vor dem Grabe zeigte, während man sie auf dem zweiten im Grabe sah. Auf dem ersten Bild sah man außer den Frauen die geöffnete Tür des Grabes, auf dem zweiten den geschlossenen Sarkophag.

5. Mosaik an der Decke des Mausoleums M in der Vatikanischen Nekropole unter der Peterskirche, Rom (Apollonj-Ghetti, Bd. 1, Tafel B, neben S. 38, und C, neben S. 42; Bd. 2, Tafel II). Ende des 3. oder Anfang des 4. Jahrhunderts. Gegenstand: Jesus als Sol Invictus oder Unbesiegter Sonnengott.

Gut erhalten ist der Kopf vor der Sonnenscheibe, von der Strahlen ausgehen, zwei nach jeder Seite, drei in die Höhe. Das Gesicht ist bärtig, was die Identifikation mit dem Sonnengott vielleicht unterstützt. Er führt ein Viergespann, sichtbar ist ein Rad des Wagens, auch sind zwei der Pferde noch zu erkennen, während die anderen beiden zerstört sind. In der linken Hand hält er eine Kugel, die zerstörte rechte scheint mit offener Handfläche ausgestreckt gewesen zu sein. Der Himmelshintergrund ist gelb, und die Figuren sind von naturalistisch dargestellten grünen Weinreben umrankt. Im unteren linken Viertel der Komposition sind die Mosaiksteine zerstört, aber der darunterliegende Freskoentwurf ist noch gut sichtbar. Unmittelbar links der Gestalt des als Sonnengott dargestellten Jesus ist ein großes Loch, das gebrochen wurde, als man im 16. Jahrhundert von oben in das Mausoleum eindrang und so das Mosaik um ein Haar ganz zerstört hätte. Es handelt sich zweifellos um eine frühchristliche Darstellung. Darauf weist nicht nur der Fischer hin, den man an der Nordwand sieht, und der Gute Hirte an der Westwand, sondern überdies und unzweideutig die Darstellung des Propheten Jona an der Ostwand, von der das Mosaik zwar abgefallen, deren Freskovorzeichnung aber noch deutlich sichtbar ist. *Siehe das Frontispiz dieses Buches.*

Typische Szenen (60 Szenen)

Als *typische* Szenen bezeichne ich solche, die vorzugsweise Gegenstand der vorkonstantinischen christlichen Kunst gewesen zu sein scheinen und jedenfalls in einer Vielzahl von Beispielen erhalten sind. Es finden sich vier derartige Bildtypen, die das Taufen, das Lehren, das Essen und das Heilen zum Gegenstand haben. Auffällig ist nun, daß Darstellungen des Essens und des Heilens unter diesen durchaus die häufigsten sind. Da mir diese Häufigkeit sehr vielsagend zu sein scheint, kann ich nur hoffen, daß das, was erhalten ist, dem, was gewesen ist, entspricht, daß also die Vielzahl der erhaltenen Darstellungen des Essens und des Heilens ein Indiz für das besondere Interesse der vorkonstantinischen Christen an diesen Gegenständen ist und nicht das zufällige Ergebnis der Auswahl der wahllos zerstörenden Zeit.

Taufszenen (6 Szenen)

6. Fresko in der Mitte der Rückwand unter der oberen Grabnische in der Kammer 21 oder A^2 der Sakramentskapellen, Callixtus-Katakombe, Rom (Nestori, Nr. 21, S. 102; Wilpert 1903, Tafel 39, 2). Zwischen 240 und 250.

Johannes der Täufer, in Tunika und Pallium, berührt, leicht nach rechts gebeugt, den Kopf des ihm leicht zugeneigten kleineren und nackten Jesus. Andeutungen des Wassers und der Taube fehlen.

7. Fresko in der Mitte der linken Wand unter der oberen Grabnische in der Kammer 22 oder A^3, Sakramentskapellen, Callixtus-Katakombe, Rom (Nestori, Nr. 22, S. 102; Wilpert 1903, Tafel 27, 3). Zwischen 240 und 250.

Johannes der Täufer im Lendenschurz beugt sich nach links, die rechte Hand über den Kopf des kleineren, nackten Jesus ausstreckend. Wasser fällt rings um dessen Körper. Die Taube nähert sich dem Täufer von rechts in Höhe seines Kopfes.

8. Fresko links unten an der Rückwand der Kammer 1 oder X der Lucina-Krypta, Callixtus-Katakombe, Rom (Nestori, Nr. 1, S. 99; Wilpert 1903, Tafel 29, 1). Zwischen 190 und 210.

Rechts steht an Land der bekleidete Täufer und reicht Jesus, der aus heftig wogendem Wasser auf ihn zuschreitet, die rechte Hand. Obwohl Johannes höher steht als Jesus, sind beide etwa gleich groß dargestellt. Die Taube nähert sich aus der Höhe links hinter Jesus. Von dieser Taube abgesehen könnte man die Darstellung für ein Bild Jesu mit Petrus halten wie das hier unter der Nr. 2 katalogisierte.

9. Relief rechts an der Vorderseite eines Sarkophags im linken Seitenschiff der Kirche Santa Maria Antiqua auf

dem Forum Romanum (Deichmann, Nr. 747, S. 306–307, sowie Tafel 117). Zwischen 250 und 275.

Johannes der Täufer, bärtig, gekleidet in ein Pallium ohne Untergewand (wie ein kynischer Philosoph), steht, nach links gewandt, an Land und legt dem kleinen, nackten Jesus, der, ebenfalls nach links blickend, neben ihm im Wasser steht, die Rechte auf den Scheitel. Aus der Höhe fliegt kopfunter die Taube herbei. *Siehe Abbildung 2.*

10. Relief auf der linken Seite eines Bruchstücks vom Deckel eines Sarkophags, Museo Pio Cristiano (Inventar-Nr. 23), Vatikanische Museen, Rom (Deichmann, Nr. 150, S. 96–97, sowie Tafel 34). Zwischen 275 und 300.

Rechts der bärtige, bekleidete Täufer, der mit der Linken sein Gewand schürzt und die Rechte auf den Kopf des links neben ihm stehenden kleinen, nackten Jesus legt. Dieser steht, dem Betrachter zugewandt, bis an die Knie im Wasser, der Kopf und die vielleicht ursprünglich über diesem herbeifliegende Taube fehlen. Die Darstellung auf der rechten Seite dieses Fragments ist hier unter der Nr. 34 katalogisiert. *Das ganze Fragment siehe auf Abbildung 11.*

11. Relief von der linken Schmalseite eines Sarkophags, Museo Nazionale Romano (Inventar-Nr. 23 893), Rom (Deichmann, Nr. 777,2, S. 324–325, sowie Tafel 124). Zwischen 275 und 300.

Links ein großer Baum, daneben, nach rechts gewandt, der Täufer, bärtig und, wie ein (kynischer?) Philosoph, nur mit dem Pallium bekleidet. Er hält eine geöffnete Schriftrolle in der Linken und legt die Finger der rechten Hand dem nach vorn gewandt neben ihm stehenden kleinen, nackten Jesus auf den Scheitel. Zur Rechten Jesu erblickt man einen sehr stilisiert dargestellten Bach (er sieht aus wie ein von Laub entblößter Baum), der einen Teich speist, in dem Jesus bis an die Knie steht. Eine Taube ist nicht vorhanden.

Lehrszenen (8 Szenen)

12. Relief auf der linken Hälfte eines Sarkophagdeckels, Museo Pio Cristiano (Inventar-Nr. 172), Vatikanische Museen, Rom (Deichmann, Nr. 151, S. 97, sowie Tafel 34). Ende des 3. Jahrhunderts.

Ein bärtiger philosophischer Lehrer, gekleidet in Tunika und Pallium, scheint, nach rechts gewandt, in einem Stuhl sitzend, aus der geöffneten Schriftrolle zu lesen, die er in den Händen hält. Links hinter ihm steht, in die gleiche Richtung schauend, eine mit Tunika und Palla bekleidete Frau, die in der linken Hand eine Schriftrolle hält und die rechte in einer Gebärde der Zustimmung oder Verehrung hebt. Rechts, dem sitzenden Lehrer zugewandt, steht eine weitere Frau mit verehrend erhobenen Händen. Auch der rechts hinter ihr stehende Mann, der in der Linken eine Schriftrolle hält und die Rechte hebt, wie um seine Worte zu unterstreichen, blickt über die Schulter zurück in Richtung des sitzenden Lesers. Auf dem Boden zwischen ihm und der die Hände erhebenden Frau steht ein Bündel Schriftrollen. Auf der rechten Seite wird die Szene durch die Darstellung einer Mahlgemeinschaft vervollständigt, die hier unter der Nr. 25 katalogisiert ist. Keine der beiden Darstellungen bietet sichere Anhaltspunkte, die in diesen Szenen vereinten Menschen als Christen zu bestimmen. Der aus der Schriftrolle dozierende Mann stellt wahrscheinlich nur die Philosophie im allgemeinen, nicht Jesus im besonderen dar. *Siehe Abbildung 5.*

13. Fresko an der oberen Rückwand, rechts unter der oberen Grabnische in der Kammer 21 oder A², Sakramentskapelle, Callixtus-Katakombe, Rom (Nestori, Nr. 21, S. 102; Wilpert 1903, Tafel 39, 2). Zwischen 240 und 250.

Sitzender Mann, dessen Philosophenpallium die rechte Schulter entblößt, hebt die Rechte in belehrender Gebärde. Die Darstellung steht in einem eigenen Feld unmittelbar neben der oben unter Nr. 6 katalogisierten. Sie soll sowohl die Philosophie im allgemeinen als auch Jesus im besonderen, vielleicht auch nur diesen allein vergegenwärtigen.

14. Relief auf einer Grabplatte, Museo Civico Archeologico (Inventar-Nr. 171), Velletri (Wilpert 1929–1936, Tafel 4, 3). Erstes Jahrzehnt des 4. Jahrhunderts.

Oben links der Mitte dieses Reliefs erblickt man einen nach links gewandt sitzenden jugendlichen Philosophen, bekleidet mit Tunika und Pallium, der eine geöffnete Schriftrolle in den Händen hält. Er sitzt im Hintergrund einer links von ihm und unter ihm angeordneten Darstellung Daniels in der Löwengrube und einer rechts von ihm in der Mitte der Relieftafel die ganze Höhe der Bildfläche einnehmenden Figur eines fromm die Hände erhebenden Mannes. Zur Rechten dieser Verkörperung der *pietas*, der Frömmigkeit, erblickt man Adam und Eva (die sich die Hände reichen und einander ansehen, wie um eheliche Gemeinschaft zur Schau zu stellen), sowie Noah. Der Philosoph verkörpert die Philosophie im allgemeinen oder Jesus im besonderen beziehungsweise Jesus als die leibhaftige Philosophie. *Siehe Abbildung 15.*

15. Relief auf der Verschlußplatte des Nischengrabs eines Kindes (rechtes Nebenfeld), Museo del Palazzo dei Conservatori (Inventar-Nr. 70), Musei Capitolini, Rom (Deichmann, Nr. 811, S. 339–340, sowie Tafel 130). Zwischen 260 und 300.

Zur Rechten der zentralen Darstellung mit dem Medaillonbildnis des hinter der Platte beigesetzten Kindes sitzt auf einem erhöhten Sessel, die Füße auf einer Fußbank, eine offene Schriftrolle in den Händen, ein mit Tunika und Pallium bekleideter bärtiger Mann, nach links gewandt. Ihn umgeben vier stehende Personen, alle in gleicher Größe, zwei Frauen und zwei Männer. Drei von diesen sind ihm, von links, zugewandt, zwei Männer und eine Frau. Die letztere, bekleidet mit Tunika und Palla, hält eine Schriftrolle in der Linken und wendet sich mit erhobener Rechter, offenbar redend, an den vor ihr sitzenden Lehrer, hinter dem mit beifällig, staunend oder verehrend erhobener rechter Hand seine zweite Hörerin steht. Die Wortführerin der Hörerschaft des Philosophen ist aber unzweifelhaft die diesem gegenüberstehende Frau mit der Schriftrolle. Abgesehen davon, daß der nämliche Philosoph in der Szene zur Linken des Medaillons mit dem Kinderbildnis offensichtlich einen Toten zum Leben erweckt (wohl Lazarus), ist dessen Identität mit Jesus der Darstellung nicht anzusehen. Die Szene ähnelt derjenigen auf dem sogenannten Plotinussarkophag im Museo Gregoriano Profano, wo man auf einem Sessel, die Füße auf einer Fußbank, jedoch dem Betrachter zugewandt, einen Lehrer zwischen zwei Frauen und drei Männern sitzen sieht. Auch diesem Lehrer scheinen seine Schülerinnen näher zu stehen als seine Schüler (Gerke, Tafel 50).

Die Platte des Kindergrabes zeigt eine Gesamtkomposition aus fünf Abschnitten, von denen je zwei zur Rechten und zur Linken eines betonten mittleren Feldes angeordnet sind. Dieses mittlere Feld zeigt, wie schon gesagt, die *imago clipeata*, das Medaillon-Bildnis eines Knaben in Tunika und Pallium über einer pastoralen Szene, in der ein Hirte ein Schaf melkt und, rechts, ein Baum Landschaft andeutet. Links des Mittelfelds erblickt man die bereits erwähnte Auferweckungsszene (hier unter der Nr. 52 katalogisiert). Links außen steht ein bartloser Philosoph mit dem Pallium bekleidet, die rechte Hand in die Falten seines Gewands gesteckt, eine Schriftrolle in der linken. Das rechte Eckfeld zeigt eine die Frömmigkeit verkörpernde Frauengestalt. Nur die Auferweckungsszene gibt der Annahme, daß wir es hier mit einem Werk christlicher Kunst zu tun haben, einige Wahrscheinlichkeit. Insofern haftet diesen Szenen noch viel von der reizvollen Ambiguität und eindringlichen Ambivalenz protochristlicher Kunst an, jener heidnischen Kunst, die von einer Stimmung zeugt, die für das Christentum aufgeschlossen war. *Siehe Abbildung 21.*

16. Fresko in der Mitte der Wand links des Eingangs zur Kammer 22 oder A³, Sakramentskapellen, Callixtus-

Katakombe, Rom (Nestori, Nr. 22, S. 102; Wilpert 1903, Tafel 29, 2). Zwischen 240 und 250.

Oben links sitzt, nach rechts gewandt, Jesus mit einer lang ausgerollten Schriftrolle in den Händen, unten rechts, nach links gewandt, eine Frau mit geschürzter Tunika, die Wasser aus einem Brunnen holt. Den Eimer hält sie über der Brunnenöffnung in der rechten Hand, und Wasser schwappt daraus auf den Boden. Bei der Darstellung ist vielleicht an das im Johannesevangelium (4, 7–30) berichtete Gespräch Jesu mit der samaritischen Frau am Jakobsbrunnen gedacht («Wer aber von dem Wasser trinkt, das ich ihm geben werde, wird niemals mehr Durst haben.»).

17 (?). Fresko in der unteren Zone am westlichen Ende der Südwand des Baptisteriums der christlichen Hauskirche in Dura-Europos am oberen Euphrat (Kraeling, S. 67–69, 186–188, sowie Tafel 21, 29, 1, 40). Zwischen 240 und 250.

Eine Frau in langärmeliger und ungegürteter Tunika, die einen fünfzackigen Stern auf der Brust trägt, beugt sich nach links über einen Brunnen. In beiden Händen hält sie ein langes Seil, dessen eines Ende in Schlingen zu ihren Füßen liegt, während das andere, an dem vermutlich ein Gefäß hängt, im Brunnen verschwindet. So wie in der zuvor unter der Nr. 16 besprochenen Darstellung Jesu Lehre und das Wasser der Samariterin in Verbindung gebracht wurden, könnte es sein, daß auch hier das Wasser der Frau für die Lehre steht, die Frau somit den lehrenden Jesus symbolisiert.

18 (?). Relief auf einem Bruchstück aus der Front eines Sarkophags, Museo Nazionale Romano (Inventar-Nr. 106 217), Rom (Deichmann, Nr. 768, S. 315, sowie Tafel 121). Anfang des 4. Jahrhunderts.

Erhalten sind nur die Köpfe dreier Männer zur Linken des Bildnisses der Verstorbenen und zur Rechten einer Moses- oder Petrusfigur. Das Gesicht des mittleren der drei ist bartlos, möglicherweise handelt es sich um Jesus zwischen zwei Jüngern und damit um eine Lehrszene.

19. Relief unten Mitte auf einer von zwei polychromen Marmorplatten mit zweizoniger Friesdekoration, Museo Nazionale Romano (Inventar-Nr. 67607), Rom (Deichmann, Nr. 773b, S. 320–322, sowie Tafel 123). Ende des 3. oder Anfang des 4. Jahrhunderts.

In der Mitte der unteren Bildzone sitzt Jesus lehrend zwischen zwei Szenen, in denen er heilend dargestellt ist. Als Lehrer trägt er einen Bart und sitzt Zeus gleich auf einem Felsen (der vielleicht den Ort der Bergpredigt vergegenwärtigt), eine Schriftrolle in der erhobenen linken Hand, die Gebärde der erhobenen rechten bekräftigt seine Worte. Er ist wie ein Kyniker nur mit einem Pallium bekleidet, das die Brust und die rechte Schulter bloß läßt; unbekleidet sind auch die Füße. Ihm zu Füßen sitzen sechs Männer und sehen zu ihm auf. Von rechts aber tritt mit im Redegestus erhobener Hand eine aristokratische Dame an den Lehrenden heran. Hat man es bei ihr mit der von Jesus geheilten Frau auf der linken Bildhälfte zu tun oder mit der Frau, die Jesu Mutter selig pries, oder, was am wahrscheinlichsten ist, mit der Frau, für deren Grab diese Platte (und das ebenfalls erhaltene Gegenstück dazu) geschaffen wurde? Jedenfalls erblickt man hier zweifellos nicht nur die Verkörperung der Philosophie im allgemeinen, sondern Jesus als Lehrer. *Siehe Abbildung 16.*

Mahlszenen (27 Szenen)

20. Relief an einer Schmalseite des Deckels des Albana-Sarkophags vom St.-Matthias-Friedhof, Rheinisches Landesmuseum, Trier (Cüppers, Nr. 95, S. 171–172, 178, 209). Um 270.

Ein Ehepaar, das sich bei den rechten Händen gefaßt hält, die Frau (Albana) zur Linken, der Mann zur Rechten, sitzt an einem Tisch, auf dem ein rot hervorgehobener Teller steht sowie ein Fisch und ein Brotlaib liegen. Kleiner dargestellte Dienstboten servieren von rechts und links.

21. Fresko an der abschließenden Querwand der Flaviergruft, Domitilla-Katakombe, Rom (Nestori, Nr. 11, S. 119; Marucci, Tafel 24). Zweite Hälfte des 3. Jahrhunderts.

Zwei Personen auf einem Speisesofa mit hoher Rückenlehne. Rechts ein bartloser Mann, der links neben ihm sitzenden Person zugewandt, deren Geschlecht, da ihr Kopf zerstört ist, nicht mehr zu bestimmen ist. Handelt es sich bei ihr um eine Frau und bei der Darstellung um das Bildnis eines Ehepaars? Vor ihnen liegen auf einem dreifüßigen Tisch drei Brote und ein Fisch. Rechts ein bartloser Mann (ein Diener? Ist er nicht für einen Diener ungewöhnlich gekleidet? Er scheint ein Pallium zu tragen, das ihm jedoch nur bis über die Knie fällt), der sich auf die beiden zubewegt und in der (zerstörten) rechten Hand wohl etwas herbeiträgt.

22. Fresko an der Rückwand der Kammer 2 oder Y der Lucina-Krypta, Callixtus-Katakombe, Rom (Nestori, Nr. 2, S. 99; Wilpert 1903, Tafeln 27, 1 und 28, 1–2). Zwischen 190 und 210.

Zur Rechten und Linken eines Medaillons, von dem im gegenwärtigen Zustand der Dekoration nur der Rahmen noch auszumachen ist, erblickt man zwei Arrangements, bestehend aus zwei großen Fischen, deren Köpfe zur Mitte gewandt sind, und, vor diesen, zwei gefüllte Brotkörbe (der linke enthält sechs Brote, der rechte fünf). Direkt vor den Brotkörben scheinen Becher zu stehen, die eine rote Flüssigkeit enthalten, vielleicht Wein. *Den rechten Teil der Dekoration siehe auf Abbildung 3.*

23. Fresko im Bogenfeld über der Endwand der Kammer 21 oder A^2, Sakramentskapellen, Callixtus-Katakombe, Rom (Nestori, Nr. 21, S. 102; Wilpert 1903, Tafel 38). Zwischen 240 und 250.

Dreibeiniger Tisch mit Brot und Fisch. Links drei, rechts vier Brotkörbe. Die Asymmetrie betont die Siebenzahl der Gesamtheit. Speisende sind nicht dargestellt.

24. Fresko auf der linken Seite der Rückwand unterhalb der oberen Grabnische in der Kammer 22 oder A^3, Sakramentskapellen, Callixtus-Katakombe, Rom (Nestori, Nr. 22, S. 102; Wilpert 1903, Tafel 41, 1). Zwischen 240 und 250.

Dreifüßiger Tisch mit Brot und Fisch. Links steht ein Mann, der über die Schulter nach links blickt, jedoch mit ausgestrecktem rechtem Arm auf den Tisch zutritt. Zur Rechten des Tisches eine Frau in der Pose der Frömmigkeit mit zum Gebet erhobenen Armen. Diese Darstellung befindet sich zur Linken der unten unter Nr. 30 katalogisierten. *Siehe Abbildung 4.*

25. Relief auf der rechten Hälfte eines Sarkophagdeckels, Museo Pio Cristiano (Inventar-Nr. 172), Vatikanische Museen, Rom (Deichmann, Nr. 151, S. 97, sowie Tafel 34). Ende des 3. Jahrhunderts.

Mahlgemeinschaft vor einem *parapetasma* (dem hier durch Ritzlinien im Grund angedeuteten Vorhang, auf den man bei Grabmonumenten die Gesichter der Verstorbenen zeichnete). Vier bartlose Männer lagern hinter einem im Halbkreis geschwungenen Polster vor einem dreifüßigen Tisch, auf dem ein großer Fisch liegt. Beiderseits des Tisches am Boden bemerkt man große, runde Brote. Der ganz links zu Tisch liegende Mann wendet sich zu einem mit zwei Brotlaiben von links nähertretenden Diener, der rechts neben ihm Liegende streckt die Hand über das Polster nach dem Fisch aus, der dritte trinkt, der vierte hält ein Brot in der Hand. Links von dieser Mahlgemeinschaft ist die hier unter Nr. 12 katalogisierte Lehrszene dargestellt. *Siehe Abbildung 15.*

26. Relief auf dem Bruchstück eines Sarkophagdeckels (linke Hälfte), Museo Nazionale Romano (Thermenmuseum, Inventar-Nr. 67609), Rom (Deichmann, Nr. 793, S. 331–332, sowie Tafel 127). Zwischen 265 und 300.

Ein ländliches Mahl (man beachte den Baum links) vor einem deutlich in Relief ausgeführten *parapetasma*, Grabvorhang. Drei Männer in kurzer Tunika (Hirten?) lagern, die Arme auf das geschwungene Polster ihrer Liegestatt gestützt, beim Mahl. Vorn auf dem Boden drei Brote. Zur Linken der Mahlgemeinschaft nimmt, nach links gewandt, ein Diener Brot aus einem Korb. Der seinen beiden Tischgenossen zugewandte Speisende ganz rechts hält einen Becher in der linken Hand. Hinter ihm steht rechts der Gruppe der Speisenden ein Mann in kurzer Tunika, einen langen Stab in der linken und eine Rohrflöte in der rechten Hand. *Siehe Abbildung 6.*

27. Relief auf dem Bruchstück eines Sarkophagdeckels, Museo Pio Cristiano (Inventar-Nr. 165), Vatikanische Museen, Rom (nicht bei Deichmann). Zwischen 265 und 300.

Mahlgemeinschaft von fünf Männern, die man hinter der geschwungenen Lehne ihres Lagers erblickt, vor dem fünf Brote ausgelegt sind. Links entnimmt ein Diener in kurzer Tunika ein Brot aus einem dort abgestellten Korb, der noch zwei weitere Brote enthält, und reicht es dem ihm nächsten der fünf Speisenden. Der rechts neben diesem Lagernde setzt eben einen Becher an die Lippen, die drei Tischgenossen auf der rechten Seite scheinen miteinander zu plaudern. *Siehe Abbildung 7.*

28. Relief auf einem Bruchstück vom Deckel des Sarkophags der Bera, Sebastian-Katakombe, Rom (Deichmann, Nr. 298, S. 155, sowie Tafel 59). Zwischen 275 und 300.

Die Mahlgemeinschaft, fünf junge Männer in kurzer Tunika, lagert hinter einer geschwungenen Polsterlehne vor der plastisch ausgebildeten Draperie eines *parapetasma* oder Grabvorhangs. Vor den Speisenden ein Schweinskopf (es ist dies die einzige der hier katalogisierten Mahlszenen, in der ein Fleischgericht angeboten wird), neben dem rechts und links je ein Brot liegt. Links neben den Speisenden eine große Amphora, die von zwei Dienern wieder an ihren Platz gestellt wird, während ein dritter den Speisenden einen vollen Becher bringt. Rechts neben den beim Mahl Liegenden steht ein sechster Gast, der trinkend einen Becher an die Lippen setzt. Zur Linken der Szene sieht man ein gerahmtes Feld mit der Inschrift DEP[OSITIO] BERAE V KAL[ENDAS] MART[IAS]: Die Beisetzung der Bera am 5. vor den Kalenden des März (am 25. oder, wenn es sich um ein Schaltjahr handelte, 26. Februar). *Siehe Abbildung 8.*

29. Fresko rechts an der linken Wand unter der oberen Grabnische in der Kammer 21 oder A^2, Sakramentskapellen, Callixtus-Katakombe, Rom (Nestori, Nr. 21, S. 102; Wilpert 1903, Tafel 27, 2). Zwischen 240 und 250.

Darstellung einer Mahlgemeinschaft von sieben Männern, wie man sie in vier der fünf Sakramentskapellen findet, außer in der Kammer 21 oder A^2 auch in der Kammer 22 oder A^3, Kammer 24 oder A^5 und Kammer 25 oder A^6. Hinter einer geschwungenen Polsterlehne sind sieben Männer gelagert. Vor ihnen stehen (soweit noch zu erkennen ist) zwei Teller mit Fisch sowie, nahe beieinander, sieben Brotkörbe. Die sieben Mahlgenossen sind deutlich voneinander getrennt, gestikulieren lebhaft, und die meisten strecken über die Lehne ihres Lagers die Hände zum Mahl aus.

30. Fresko in der Mitte der Rückwand unterhalb der oberen Grabnische der Kammer 22 oder A^3, Sakramentskapellen, Callixus-Katakombe, Rom (Nestori, Nr. 22, S. 102; Wilpert 1903, Tafel 41, 3). Zwischen 240 und 250.

Auch hier liegen (wie bei Nr. 29) sieben Männer zu Tisch hinter einem halbkreisförmigen Polster. Der Mittlere ist von seinen Tischgenossen beiderseits ein wenig abgesetzt und streckt die Hand über die Lehne des gemeinsamen Lagers zum Mahl aus. Dieses besteht, soweit noch zu sehen ist, aus zwei vor ihnen stehenden Tellern mit Fisch sowie je vier Brotkörben rechts und links davon. Die Szene befindet sich unmittelbar rechts von der oben unter Nr. 24 katalogisierten.

31. Fresko an der linken Wand unter der oberen Grabnische in der Kammer 24 oder A^5, Sakramentskapellen, Callixtus-Katakombe, Rom (Nestori, Nr. 24, S. 103;

Wilpert 1903, Tafel 41, 4). Zweite Hälfte des 3. Jahrhunderts.

Eine Mahlgemeinschaft von sieben Personen, wie man sie ähnlich in vier der fünf Sakramentskapellen dargestellt findet (siehe die Bemerkungen zu Nr. 29).

Sieben Männer lagern eng beieinander hinter einer geschwungenen Polsterlehne. Einige strecken die Hände zum Mahl aus, einem großen Teller, auf dem zwei Fische und drei andere Gegenstände liegen. Der Mann rechts außen hält einen großen Becher (?) in der rechten Hand. Vor dem Teller mit den Fischen stehen, eng beieinander und von der Lehne des Lagers eingerahmt, sieben Körbe.

32. Fresko an der rechten Wand unter der oberen Grabnische in der Kammer 25 oder A^6, Sakramentskapellen, Callixtus-Katakombe, Rom (Nestori, Nr. 25, S. 103; Wilpert 1903, Tafel 15, 2). Zweite Hälfte des 3. Jahrhunderts.

Die vierte Mahlgemeinschaft von sieben Personen, die man in den fünf Sakramentskapellen vorfindet (siehe die Bemerkungen zu Nr. 29).

Sieben Männer, deutlich voneinander getrennt, lagern hinter einer geschwungenen Polsterlehne. Der Tischgenosse rechts außen ebenso wie der dritte von rechts heben gestikulierend ihren rechten Arm. Vor dem Lager standen ursprünglich zwei Teller mit Fisch bereit, deren rechter allein erhalten geblieben ist, sowie links und rechts außen je fünf Körbe mit Broten. *Siehe Abbildung 9 (die nicht alle Brotkörbe zeigt).*

33. Fresko über dem Bogen am Ende des zweiten Abschnitts der Capella Greca, Priscilla-Katakombe, Rom (Nestori, Nr. 39, S. 28; Wilpert 1895, Tafeln 13 und 14). Zweites Viertel des 3. Jahrhunderts.

Sechs Personen sind zum Mahl gelagert hinter der üblichen geschwungenen Polsterlehne. Ganz links sitzt eine siebente Person neben oder auf der Lehne, jedenfalls liegt diese Gestalt nicht wie die übrigen, sondern sitzt und hält mit beiden Händen der nächsten Person rechts von ihr, die sie ansieht, einen Brotlaib hin. Vorn in der Mitte auf dem Boden ein Teller mit zwei Fischen. Rechts von diesem ein weiterer Teller, auf dem fünf kleine Brote liegen, links ein Becher, vermutlich mit Wein gefüllt. Zur Rechten des Lagers sind drei, zur Linken vier Brotkörbe aufgereiht.

Handelt es sich bei diesen Personen um Frauen, um Männer oder um Männer und Frauen? Wilpert (1895, S. 8–9) deutete die von links das Brot reichende Figur als den Gastgeber, der den am rechten Ende des Lagers gedachten Ehrenplatz innehat und das Brot für seine Gäste bricht. Wilpert hielt diese Figur auch für bärtig. Doch obwohl auf den vier vorstehend katalogisierten Mahlszenen Diener nicht erscheinen, hat die Annahme, daß es sich bei dieser Figur, die nicht liegt, sondern sitzt, um einen Diener oder eine Dienerin handelt, einige Wahrscheinlichkeit für sich. Nicht auszuschließen ist jedoch andererseits die Möglichkeit, daß wir es auch bei dieser Figur mit einem Gast zu tun haben, was die Zahl der Teilnehmer an dem Mahl auf sieben bringen würde. Die dritte Figur von rechts ist von jeher für eine Frau gehalten worden, mir scheint aber, daß bei diesem Gastmahl *alle* Anwesenden (einschließlich der in ihrer Stellung nicht ganz eindeutig zu bestimmenden Figur links außen) Frauen sind. Wenn es sich so verhält, ist dies die einzige rein weibliche Mahlgemeinschaft, oder zumindest die einzige mit weiblicher Beteiligung (von den Mahlszenen mit Ehepaaren einmal abgesehen), die wir in der vorkonstantinischen christlichen Kunst dargestellt finden. In der Cappella Greca gibt es an der rechten und der linken Wand des ersten Raumabschnitts überdies eine Szenenfolge in drei Bildern, die die Geschichte der Susanna zeigen, sowie über dem Bogen, der den ersten vom zweiten Abschnitt scheidet, eine Muttergottes mit Kind, was die Vermutung zuläßt, daß die Dekoration des Raums den Anordnungen einer Patronin entspricht. Können wir nicht vielleicht sogar vermuten, daß diese Dekoration uns die Existenz einer nur von Frauen gebildeten christlichen Begräbnisgesellschaft bezeugt? *Siehe Abbildung 10 (ohne die Brotkörbe).*

34. Relief auf der rechten Seite eines Fragments aus einem Sarkophagdeckel, Museo Pio Cristiano (Inventar-Nr. 23), Vatikanische Museen, Rom (Deichmann, Nr. 150, S. 96–97, sowie Tafel 34). Letztes Viertel des 3. Jahrhunderts.

Ländliches Mahl (ein Baum im Hintergrund deutet Landschaft an), bei dem vier (ursprünglich vielleicht fünf) junge Männer in kurzer, gegürteter Tunika hinter einer geschwungenen Polsterlehne lagern. Die rechte Seite der Szene fehlt. Von links kommt ein Diener mit Brot in der linken und einem Teller, auf dem ein Fisch liegt, in der rechten Hand. Der links außen gelagerte Tischgenosse hält einen Becher in der Linken und scheint mit der Rechten die Aufmerksamkeit des links (vom Standpunkt des Betrachters aus rechts) neben ihm lagernden Gefährten auf den Diener mit den Broten lenken zu wollen. Der dritte Tischgenosse (der mittlere, wenn es sich ursprünglich um fünf Teilnehmer am Mahl handelte) hat den rechten Oberarm hinter den Kopf gelegt in der klassischen Pose eines im Todesschlaf Liegenden (wie man sie von den Sarkophagen kennt, auf denen Jona als Endymion dargestellt ist; man vergleiche die Abbildungen 2, 12, 13, 14, 15 und 18). Der vierte führt ein Stück Brot zum Mund. Mitten vor dem Lager steht ein großer Teller, auf dem ein Fisch liegt. Links davon stehen vier Brotkörbe, rechts deren drei (doch mag das rechts abgebrochene Stück des Reliefs symmetrisch auch dort einen vierten gezeigt haben). Hinter dem Diener bemerkt man außer dem bereits erwähnten Baum, rechts, zur Linken eine Säule mit einer Sonnenuhr. Das beschädigte linke Ende des Deckels zeigt die oben unter Nr. 10 katalogisierte Szene. *Siehe Abbildung 11.*

35. Relief auf einem der vier erhaltenen Bruchstücke einer Grabplatte (oder eines Sarkophagdeckels), Praetextatus-Katakombe, Rom (Deichmann, Nr. 591a, S. 241, sowie Tafel 90). Zwischen 265 und 300.

Diese Darstellung einer Mahlgemeinschaft ist nur mit ihrer linken Seite, wo ein Diener mit einem wohlgefüllten Brotkorb steht, in ihrem ursprünglichen Umfang erhalten. Man sieht daneben jetzt noch vier hinter einem Polster gelagerte Männer. Der zweite von links, dessen Oberkörper nackt ist, streckt die Arme in die Höhe. In der linken Hand hält er ein Kleidungsstück oder ein Tuch. Der rechts neben ihm gelagerte Mann hält einen Becher in der Linken und blickt nach links, wohin auch der Blick des Dieners mit dem Brotkorb gerichtet ist. Dort, außerhalb der Szene, befand sich offenbar die Grabschrift. Auf deren anderer Seite war die Geschichte des Propheten Jona vergegenwärtigt, von welcher Darstellung ebenfalls ein gutes Stück erhalten geblieben ist. Diese Anordnung der Szenen auf dem Deckel eines Sarkophags war sehr gebräuchlich: Das Feld mit der Grabschrift in der Mitte, flankiert von Jona auf der einen und einer Mahlszene auf der anderen Seite. Ebenso wie hier sieht man Jona links und das Gastmahl rechts auch auf den unter den Nummern 36 und 37 katalogisierten Stücken. Die umgekehrte Anordnung, Jona rechts und das Mahl links, zeigen die Stücke Nr. 38, 39 und 40. *Siehe Abbildung 12.*

36. Relief rechts auf der Front eines Sarkophagdeckels, Palazzo Corsetti, Rom (Deichmann, Nr. 942, S. 392–393, sowie Tafel 150). Zwischen 265 und 300.

Vier speisende Männer stützen die Arme auf die geschwungene, gepolsterte Lehne ihres Lagers. Ganz links ein Ofen, auf dem ein großes Gefäß steht. Von dort kommen eilig zwei Diener, mit kurzärmeliger, kurzer Tunika bekleidet, der erste mit einem großen Brotlaib in den Armen, der ihm folgende einen Brotkorb tragend. Fünf große Brotlaibe (in die Kreuze geschnitten sind) liegen bereits vor dem Lager der Mahlgemeinschaft. Der dritte Gast von links leert eben einen Becher, den er in der rechten Hand hält. Der rechts außen neben ihm Gelagerte greift nach einem der vor dem Lager ausgelegten Brote. Die Darstellung dieser Mahlgemeinschaft steht einer Darstellung der

Geschichte des Propheten Jona auf der anderen (linken) Seite des zentralen Inschriftenfeldes gegenüber. *Siehe Abbildung 13.*

37. Relief auf der Front des Deckels des Baebia Hertofile-Sarkophags (rechte Hälfte), Museo Nazionale Romano (Inventar-Nr. 59672), Rom (Deichmann, Nr. 778, S. 325–326, sowie Tafel 124). Zwischen 265 und 300.

Fünf Männer sind hier an der geschwungenen Polsterlehne ihrer Liegestatt zum Mahl gelagert. Fünf runde Brotlaibe liegen vor ihnen auf dem Boden, manche mit Sternen, andere mit Kreuzen gezeichnet, der ganz rechts außen liegende scheint schon halb verzehrt zu sein. Der Mahlgenosse ganz links hält einen Becher in der Linken und scheint nach mehr Wein zu rufen. Der bärtige Mann neben ihm kehrt ihm den Rücken zu und wendet sich an die übrigen Tischgenossen. Er legt einen Finger auf die Lippen, vielleicht in der Absicht, diese zu beruhigen, denn sein Nachbar rechts leert eben einen Becher, während die beiden rechts außen Sitzenden gestikulierend mehr (Wein oder Brot?) zu verlangen scheinen von den beiden Dienern, die dem Speiselager von links nahen. Der eine von diesen, in ganzer Figur sichtbar, serviert Brot, der andere im Hintergrund (von dem nur der Kopf erscheint) wird also der Weinschenk sein. Fische werden nicht aufgetragen. Doch sieht man auch hier, jenseits des Inschriftenfeldes in der Mitte des Sarkophagdeckels das Seeungeheuer, das soeben den Propheten Jona ausgespien hat. Vergleiche das hier unter der Nr. 35 katalogisierte Stück. *Siehe Abbildung 14.*

38. Relief auf einem von zwei Bruchstücken aus der Front einer Grabplatte oder eines Sarkophagdeckels, Museo Nazionale Romano (Inventar-Nr. 106900), Rom (Deichmann, Nr. 794a, S. 332, sowie Tafel 127). Zwischen 265 und 300.

Darstellung eines ländlichen Mahls (Baum im Hintergrund), rechts stark beschädigt und verstümmelt. Links schiebt ein junger Mann in kurzer, gegürteter Tunika Holz in einen links von ihm stehenden Ofen, auf dem ein großer Kessel steht. Rechts von ihm reicht ein ähnlich gekleideter junger Mann aus einem vor ihm stehenden Korb einem Gast wohl ein Brot, doch da die rechte Hand dieses Dieners, Kopf und Schultern des ersten Gasts und alle übrigen Gäste restlos weggebrochen sind, ist da nur Platz für Mutmaßungen. Das andere Bruchstück ist besser erhalten und zeigt einen vollständigen Jonazyklus. Siehe Nr. 35, oben.

39. Relief auf einem von zwei Bruchstücken aus der Front eines Sarkophagdeckels, Collegio al Campo Santo Teutonico, Rom (Deichmann, Nr. 890, S. 370–371, sowie Tafel 141). Zwischen 265 und 300.

Das Bruchstück zeigt den Rest einer sowohl rechts wie links stark beschädigten und verstümmelten Darstellung eines ländlichen Mahls. Links die linke Hand eines Dieners, der, eine Amphora auf der Schulter, nach rechts geht. Rechts von ihm ein weiterer Diener in kurzer, gegürteter und langärmeliger Tunika, der, einen Brotlaib in den Händen, nach rechts eilt. Ein Tischgenosse streckt den rechten Arm nach dem Brot aus. Dieser Arm, der Kopf und der Oberkörper des Mannes sind alles, was von der Mahlgemeinschaft erhalten ist. Das andere Fragment zeigt eine Episode aus der Geschichte des Propheten Jona (die Szene auf dem Schiff). Siehe oben, Nr. 35.

40. Relief auf einem von drei Bruchstücken aus dem Deckel eines Sarkophags aus den Priscilla-Katakomben, Musée du Louvre, Paris (Wilpert 1929–1936, Tafel 53,2). Zwischen 270 und 290.

Darstellung eines Mahls, linke Seite stark verstümmelt. Erhalten ist die rechte Hälfte des zweiten Mahlgenossen von rechts und vollständig der Tafelnde rechts außen, die beide die Arme auf die übliche geschwungene Lehne ihres Lagers stützen, vor der man ganz rechts noch ein Brot liegen sieht. Auch diese Mahlszene war ursprünglich wohl von einer Darstellung der Geschichte des Propheten Jona begleitet. Siehe das oben zu Nr. 35 Gesagte.

41 (?). Relief, rekonstruiert, aus Bruchstücken von

Vorderseite und Deckel eines Sarkophags, Museo Nazionale, Neapel (Wilpert 1929–1936, Tafel 164, 5; Bovini, Abbildung 92, S. 121). Von verschiedenen Autoren unterschiedlich entweder zwischen 235 oder 253 oder um 280 datiert.

Von dem verstorbenen Ehepaar, dessen Büsten in dem Medaillon in der Mitte dargestellt waren, haben sich nur die Stirnen und das Haar enthalten. Rechts oberhalb ihrer Scheitel erkennt man noch das aufgerollte Segel eines Schiffs, woraus man mit einiger Sicherheit schließen kann, daß dort das Abenteuer Jonas dargestellt war. Oben links hat sich nur das äußerste rechte Ende eines *parapetasma* erhalten, eines Grabvorhangs, der hier, wie bei vielen anderen derartigen Darstellungen, einer Mahlgemeinschaft als Hintergrund gedient haben mag. Siehe die Bemerkungen zu Nr. 25, 26 und 28, oben.

42. Relief auf einem Bruchstück aus der Front einer Grabplatte oder eines Sarkophagdeckels, Collegio al Campo Santo Teutonico, Rom (Deichmann, Nr. 893, S. 371–372, sowie Tafel 142). Anfang des 4. Jahrhunderts.

Rechts stark verstümmelte Darstellung einer Mahlgemeinschaft. Links tritt Noah mit zum Gebet erhobenen Armen aus der Arche, und von links fliegt die Taube mit dem Ölzweig herbei. Zu Noahs Rechter befindet sich das linke Ende eines *parapetasma* oder Grabvorhangs, der den Hintergrund zu einer Mahlszene bildet, von der nur ein Tischgenosse erhalten geblieben ist. Er liegt, mit Tunika und Pallium bekleidet, hinter einer geschwungenen Lehne, vor der drei Brote liegen, und erhebt die rechte Hand im Redegestus.

43. Relief auf einer Grabplatte, Museo Civico Archeologico (Inventar-Nr. 171), Velletri (Wilpert 1929–1936, Tafel 4, 3). Erstes Jahrzehnt des 4. Jahrhunderts.

Unten, rechts von der in der Mitte der Komposition stehenden Gestalt des Mannes mit betend erhobenen Händen, steht ein junger Mann in gegürteter, kurzer Tunika, die die rechte Schulter freiläßt, und hält in jeder erhobenen Hand ein mit einem Kreuz versehenes Brot. Zu seiner Rechten stehen zwei, zu seiner Linken drei Körbe mit Broten, die ihm etwa bis zum Gürtel reichen. Dieser Szene korrespondiert links der mittleren Gestalt eine vollständige Darstellung der Geschichte Jonas. Siehe die Bemerkungen zu Nr. 35, oben. *Das ganze Werk auf Abbildung 15.*

44. Relief oben links auf einem Fragment aus der rechten Hälfte eines Sarkophagdeckels, Museo Pio Cristiano (Inventar-Nr. 61), Vatikanische Museen, Rom (Deichmann, Nr. 152, S. 97–98, sowie Tafel 34). Zwischen Ende des 3. und Anfang des 4. Jahrhunderts.

Eine Mahlgemeinschaft von acht Personen. Jesus, ein junger Mann in Tunika und Pallium, steht zwischen zwei Männern, die jeder einen Brotkorb tragen. Jesus segnet sie, den einen mit der rechten, den anderen mit der linken Hand. Im Hintergrund dieser Gruppe erblickt man über ihren Schultern zwei bärtige Gesichter. Von rechts treten zwei weitere Männer an die Gruppe heran, beide bärtig. Der linke von ihnen trägt einen Fisch auf einem großen Teller, der rechte sieht Jesus an. Am äußersten linken Rand der Szene steht ein junger Mann, der nach links aus dem Bild sieht.

45. (?) Relief oben rechts auf einer von zwei polychromen Marmorplatten mit zweizoniger Friesdekoration, Museo Nazionale Romano (Inventar-Nr. 67607), Rom (Deichmann, Nr. 773b, S. 320–322, sowie Tafel 123). Zwischen Ende des 3. und Anfang des 4. Jahrhunderts.

Daß es sich bei dieser Darstellung um das Bild einer Mahlgemeinschaft handelt, kann nur vermutet werden, denn oben und links ist der größte Teil des Bildes weggebrochen. Am rechten Rand erkennt man drei stehende männliche Figuren. Die mittlere von ihnen, in kurzer gegürteter Tunika, hält mit der linken Hand einen geflochtenen Weidenkorb vor der Brust. Zur Linken des Mannes mit dem Korb steht ein anderer, der Tunika, Pallium und Sandalen trägt, in der Linken eine Schriftrolle hält und die Rechte nach dem Korb ausstreckt. Am rechten Rand der

Komposition steht ein ebenfalls mit Tunika und Pallium bekleideter Mann, der mit der Linken sein Gewand festhält. Bei dem Mann mit dem Korb könnte es sich um den Jüngling handeln, der, wie man bei Johannes 6,9 liest, die «fünf Gerstenbrote und zwei Fische» brachte, die Jesus (der Mann zu seiner Linken?) dann wunderbar vermehrte. *Siehe Abbildung 16.*

46. Relief unten Mitte auf einer von zwei polychromen Marmorplatten mit zweizoniger Friesdekoration, Museo Nazionale Romano (Inventar-Nr. 67606), Rom (Deichmann, Nr. 773a, S. 320–322, sowie Tafel 123). Zwischen Ende des 3. und Anfang des 4. Jahrhunderts.

Vorn lagern drei Männer hinter einem geschwungenen Polster, vor dem sechs gefüllte Brotkörbe stehen. Der bärtige Mann links außen streckt die Rechte nach einem dieser Körbe aus. Mit abgewandtem Blick nimmt sein Nachbar ein mit einem Kreuz gezeichnetes Brot von einem rechts neben dem Lager knienden Diener in Empfang (sein Blick ist auf den geheilten Lahmen gerichtet, der, sein Bett auf dem Rücken tragend, sich von links nähert). Der Mann rechts außen auf dem Speiselager setzt, nach rechts gewandt, seinen Becher an die Lippen. Rechts neben den zum Mahl Gelagerten steht ein bärtiger Mann, der wie ein kynischer Philosoph nur mit dem Pallium, das die rechte Schulter nackt läßt, bekleidet ist, und in der Linken eine Schriftrolle hält. Die Rechte legt er dem knienden Diener aufs Haupt. In ihm hat man wohl Jesus selber zu sehen. Hinter den zum Mahl Gelagerten stehen, offensichtlich im Gespräch, noch drei weitere Männer. Der links außen stehende der drei legt dem unter ihm zum Essen gelagerten Mann (dem, der die Hand nach einem Brotkorb ausstreckt) die Rechte auf den Hinterkopf. Hier ist die Darstellung eines typischen heidnischen Totenmahls zum Bilde einer christlichen wunderbaren Speisung umgedeutet. *Siehe Abbildung 17.*

Heilungen (19 Szenen)

Auferweckung des Lazarus (7 Szenen)

47. Fresko in der Mitte der rechten Wand unter der oberen Grabnische in der Kammer 21 oder A², Sakramentskapellen, Callixtus-Katakombe, Rom (Nestori, Nr. 21, S. 102; Wilpert 1903, Tafel 39, 1). Zwischen 240 und 250.

Links ein Mausoleum (das wie ein Haus aussieht), rechts davon befindet sich Lazarus, etwas weiter rechts steht Jesus. Die linke Seite der Darstellung des Mausoleums ist beschädigt, und von der Gestalt Jesu sind nur der Kopf, die rechte Schulter und halbe Brust erhalten.

48. Fresko an der Wand links des Eingangs zur Kammer 25 oder A⁶, Sakramentskapellen, Callixtus-Katakombe, Rom (Nestori, Nr. 25, S. 103; Wilpert 1903, Tafel 46, 2). Zwischen 250 und 300.

Links ein Mausoleum (in Gestalt eines Hauses), unmittelbar vor diesem Lazarus, die Beine gespreizt, die Arme verschmelzen mit der Körpersilhouette, der Kopf ist vom Eingang des Mausoleums eingerahmt. Jesus steht rechts in einiger Entfernung, bekleidet mit Tunika und Pallium, dem Betrachter zugewandt, doch winkt er dem Lazarus mit hoch erhobener rechter Hand, während er mit der linken einen Stab gepackt hält.

49. Fresko über der Rückseite des Bogens zwischen den beiden Teilen der Cappella Greca, Priscilla-Katakombe, Rom (Nestori, Nr. 39, S. 27; Wilpert 1895, Tafel 11; Rekonstruktion bei Styger, Abb. 49, S. 142). Zwischen 225 und 250.

Links eine Frau mit zum Gebet erhobenen Händen, mutmaßlich Martha oder Maria; rechts Jesus als junger Mann in Tunika und Pallium, die rechte Hand in redender Gebärde erhoben. Rechts in einiger Entfernung ein einfaches, wie ein Haus gebildetes Mausoleum, an dessen Vorderseite die in Binden gewickelte Leiche des Lazarus lehnt. *Siehe das Gemälde und die den Gegenstand desselben verdeutlichende Zeichnung bei Styger, a. a. O., auf Abbildung 18.*

50. Relief oben links auf einer zweizonig dekorierten Sarkophagfront, Museo Pio Christiano (Inventar-Nr. 119), Vatikanische Museen, Rom (Deichmann, Nr. 35, S. 30–32, sowie Tafel 11).

Links auf der oberen der drei Stufen vor einem Mausoleum steht der in Binden gewickelte Leichnam des Lazarus, nach rechts gewandt. Ihm gegenüber steht rechts, in Tunika und Pallium gekleidet, Jesus, der befehlend die Rechte gegen die Leiche ausstreckt. Zwischen Jesus und Lazarus steht, zum letzteren blickend, im Hintergrund eine Frau, eine andere kniet rechts hinter Jesus und ergreift den Saum seines Gewandes. Die beiden sind mutmaßlich Martha und Maria. Hinter der Knienden sieht man zwei Männer, die wie alle Beteiligten der Szene den Toten auf den Stufen vor dem Mausoleum anschauen.

Nach rechts sind im oberen Register weiter dargestellt: Mose, der Wasser aus dem Felsen schlägt, während vier Dürstende darauf warten zu trinken; die Verfolgung Moses, er flieht vor zwei Männern, zwei andere Männer liegen am Boden; und schließlich, ganz rechts, ein Schafhirt, der zwei Schafe in Empfang nimmt, die einen Stall in der rechten oberen Ecke der Bildfläche verlassen, so daß hier die Auferstehung des Lazarus spiegelverkehrt wiederholt wird. Zwei einander entsprechende Szenen sieht man auch an den beiden Enden der unteren Zone dargestellt: Links zwei Fischer, die eine Amphore tragen, rechts ein Fischer, ein Knabe, eine Gans und Krabben. Hauptgegenstand des Bildschmucks dieses Sarkophags ist jedoch die ausführlich erzählte Geschichte des Propheten Jona. (Das Segel des Schiffes, das er verlassen muß, reicht bis ins obere Register und trennt dort die Szene mit der Auferweckung des Lazarus von der mit dem Wasser aus dem Felsen schlagenden Moses.) Zur Linken des nach seiner Entlassung aus dem Bauch des Seeungeheuers in der Stellung des Endymion schlafenden Propheten – über dem Kopf des Ungeheuers, das ihn ausspeit – ist auch, der Arche entsteigend, ein kleiner Noah dargestellt. *Siehe Abbildung 19.*

51. Relief links auf der Vorderfront eines Sarkophags, Eglise Sainte Quitterie du Mas, Aire-sur-L'Adour, Mont-de-Marsan, Landes (Wilpert 1929–1936, Tafel 65, 5). Zwischen Ende des 3. und dem Anfang des 4. Jahrhunderts.

Links steht vor der Tür eines Mausoleums der in Binden gewickelte Leichnam des Lazarus, dicht bei ihm Jesus, der ihn mit ausgestreckter Hand berührt. Weiter sind rechts von dieser Szene auf der Front des Sarkophags dargestellt: Zunächst Daniel in der Löwengrube; dann folgt umgeben von drei Frauen, links eine Greisin und ein kleines Mädchen, rechts eine Frau in reifem Alter, ein Schäfer mit einem Lamm auf den Schultern, der die Menschheit verkörpert (die drei Frauen um ihn mögen die Verstorbene sowie deren Mutter und Großmutter darstellen); auf diese Gruppe folgt das erste Menschenpaar (Adam und Eva bedecken beide mit der linken Hand ihre Scham und strecken die rechte nach der verbotenen Frucht aus, an dem Baum zwischen ihnen bemerkt man auch die Schlange); und ganz rechts außen schließt eine abermalige Darstellung des heilenden Jesus diesen Bilderstreifen ab. Siehe die Erörterung der letzten Szene unter der Katalognummer 61, unten. *Das gesamte Relief siehe auf Abbildung 20.*

52. Relief auf der Verschlußplatte des Nischengrabs eines Kindes (linkes Nebenfeld), Sala dei Monumenti Cristiani, Museo del Palazzo dei Conservatori, Musei Capitolini, Rom (Deichmann, Nr. 811, S. 339–340, sowie Tafel 130). Zwischen 260 und 300.

In dem Bildfeld zur Linken des Medaillons, das ein Brustbild des verstorbenen Knaben zeigt, sieht man links ein Mausoleum, angedeutet durch zwei Säulen, die einen Dreiecksgiebel tragen. Zwischen den Säulen, oben auf den vier Stufen, die in den Raum unter dem Giebel hinaufführen, steht der Leichnam, dessen Leib in Binden gewickelt, dessen Gesicht jedoch entblößt ist. Rechts neben dem Gebäude und ebenso groß wie dieses, sehr viel größer als der dort beigesetzte Leichnam, steht Jesus, jugendlich, bartlos, bekleidet nur mit dem die Brust und rechte Schulter frei lassenden Pallium, wie ein kynischer Philosoph (vergleiche die Anmerkungen zu Nr. 15). Er berührt die Füße des umwickelten Leichnams mit einem kurzen, dikken Stab. Hinter ihm stehen zwei Gefährten, links ein mit Tunika und Pallium, rechts mit ein nur mit dem Pallium Bekleideter, die der Erweckung des Lazarus zusehen. *Siehe Abbildung 21.*

53. (?) Relief auf einem Bruchstück von der Front eines Sarkophags, Callixtus-Katakombe, Rom (Deichmann, Nr. 413, S. 189, jedoch ohne Abbildung auf Tafel 72). Anfang des 4. Jahrhunderts.

Das Fragment zeigt nur den mit der Palla bedeckten Kopf und die bittenden Hände einer nach rechts knienden Frau, bei der es sich um die Jesus anflehende Martha oder Maria handeln könnte, wenn denn der Gegenstand der Darstellung die Auferweckung des Lazarus ist. Das Fragment ist jetzt mit anderen Bruchstücken in eine Wand eingelassen, und rechts von ihm ist eines angebracht, das eine Säule und die Hälfte eines Dreiecksgiebels zeigt und mithin als Darstellung eines Grabmals gedeutet werden kann. Wenn es sich so verhält, hätte man in dem Rest einer Gestalt, die am linken Rand dieses Bruchstücks unter dem Giebel auszumachen ist, wohl das zu erkennen, was die Zerstörungen der Zeit von der Darstellung des mumifizierten Lazarus übriggelassen haben. *Siehe Abbildung 22.*

Die Heilung des Gelähmten (5 Szenen)

54. Fresko am linken Ende der oberen Zone auf der Nordwand des Taufraums der christlichen Hauskirche in Dura-Europos am oberen Euphrat (Kraeling, S. 57–61, 183–186, sowie Tafeln 18, 25, 34, 35). Zwischen 240 und 250.

Oben in der Mitte der Darstellung steht Jesus, bekleidet mit langärmeliger Tunika, Pallium und Sandalen, dem Betrachter zugewandt, doch mit der rechten Hand nach rechts weisend. Unmittelbar unter ihm liegt der Gelähmte, bekleidet mit ungegürteter Tunika, auf einem Bett, das Bettdecke, Kopfkissen und erhöhtes Kopfende aufweist. Die Darstellung des Betts ist so gekippt, daß man es zugleich von oben und von der Seite sieht. Zur Linken des liegenden Gelähmten erblickt man den geheilten, der nun, sein Bett auf den Schultern, nach rechts ins Bild kommt. Die Gebärde seiner rechten Hand wiederholt diejenige Jesu. Sein Bett hält er an einem von dessen vier Beinen, das sich kurioserweise seinem Griff entgegenstreckt, während die drei übrigen in die entgegengesetzte Richtung weisen.

55. Fresko rechts an der linken Wand unter der oberen Grabnische in der Kammer 22 oder A³, Sakramentskapellen, Callixtus-Katakombe, Rom (Nestori, Nr. 22, S. 102; Wilpert 1903, Tafel 27, 3). Zwischen 240 und 250.

Man sieht den von seiner Lähmung Geheilten sein Bett tragen, das auch hier nicht einfach als aufgerollte Matte, sondern als schweres Gestell geschildert ist. Mehr als der nach vorn gebeugte Oberkörper mit dem von erhobenen Armen gehaltenen Bett auf dem Rücken ist jedoch von der Darstellung des Wunders hier nicht erhalten.

56. Fresko in der Mitte der Decke über der rechten Wand des äußeren Abschnitts der Cappella Greca, Priscilla-Katakombe, Rom (Nestori, Nr. 39, S. 27; Wilpert 1895, Tafeln 2, 4, 6). Zweites Viertel des 3. Jahrhunderts.

Darstellung des von seiner Lähmung Geheilten, der sein Bettgestell trägt, von dem jedoch nur der untere Teil noch sichtbar ist. Der obere ist wie der Oberkörper des mit kurzer Tunika bekleideten, nach rechts schreitenden Geheilten, zerstört. *Siehe Abbildung 23.*

57. Relief unten links auf einer von zwei polychromen Marmorplatten mit zweizoniger Friesdekoration, Museo Nazionale Romano (Inventar-Nr. 67606), Rom

(Deichmann, Nr. 773a, S. 320–322, sowie Tafel 123). Ende des 3. oder Anfang des 4. Jahrhunderts.

Links steht, nach rechts gewandt, in Tunika und Pallium, eine Schriftrolle in der Linken, ein bärtiger Jesus. Er berührt mit der Rechten ein Bein des Bettes, das der vor ihm hergehende Geheilte auf den Schultern trägt. Bei dem bärtigen Mann, dessen Kopf man über dem getragenen Bett erblickt, wird es sich wohl um einen Gefährten Jesu handeln. *Siehe Abbildung 17.*

58. Relief zur Linken der Inschriftentafel auf dem Deckel eines Sarkophags, Eglise Sainte Quitterie du Mas, Aire-sur-L'Adour, Mont-de-Marsan, Landes (Wilpert 1929–1936, Tafel 65, 5). Ende des 3. oder Anfang des 4. Jahrhunderts.

Dargestellt ist nur der Geheilte, der, sein Bett auf dem Rücken, nach rechts schreitet, bekleidet mit kurzer, gegürteter Tunika. Zu beiden Seiten der Inschriftentafel sind jeweils zwei Szenen dargestellt. Links, zur Linken des geheilten Lahmen, erblickt man Abraham, Isaak und den Widder, der als Opfer für den letzteren eintreten wird. Rechts sieht man zunächst den Propheten Jona, wie er von dem Wal, der ihn verschlungen hatte, ausgespien wird und rechts neben dieser Szene eine Darstellung entweder des jungen Tobias mit seinem Fisch oder, wohl wahrscheinlicher, des Apostels Petrus mit der Münze im Maul des Fischs. *Siehe Abbildung 20.*

Heilung von Blinden (zwei Szenen)

59. Relief unten rechts auf einer von zwei polychromen Marmorplatten mit zweizoniger Friesdekoration, Museo Nazionale Romano (Inventar-Nr. 67 607), Rom (Deichmann, Nr. 773b, S. 320–322, sowie Tafel 123). Ende des 3. oder Anfang des 4. Jahrhunderts.

Zur Rechten des in der Mitte des Bildfeldes lehrend auf einer Anhöhe sitzenden Jesus steht eine weitere Jesusfigur. Sie ist wie der sitzende Lehrer nach kynischer Mode nur mit dem Pallium bekleidet und hält eine Schriftrolle in der Linken. Zur Bildmitte, nach links gewandt, legt sie die Rechte auf den Kopf eines vor ihr niederknienden jungen Mannes, der mit der Rechten Jesu Gewand berührt. Dargestellt ist hier vielleicht die Heilung eines Blinden, wie sie geschildert wird bei Markus 8, 22–26=Johannes 9, 1–7 oder bei Markus 10, 46–52=Matthäus 9, 27–31, 20, 29–34=Lukas 18, 35–43. *Siehe Abbildung 16.*

60. Relief auf dem rechten Eckfeld der Front des Sarkophags des Sextus Acerrae Lupus, Sala dei Monumenti Cristiani, Museo del Palazzo dei Conservatori (Inventar-Nr. 2073), Musei Capitolini, Rom (Deichmann, Nr. 820, S. 344, sowie Tafel 132). Anfang des 4. Jahrhunderts.

Jesus steht nach rechts gewandt, mit langärmeliger Tunika und Pallium bekleidet, eine Schriftrolle in der linken Hand. Die weggebrochene Rechte berührte offenbar die Augen des mit einer kurzen Tunika bekleideten Mannes, der rechts vor ihm kniet. In der Mitte und im linken Eckfeld – durch zwei mit einer S-förmig geschwungenen Riffelung gefüllte Felder voneinander getrennt (vergleiche den hier unter der Nr. 37 besprochenen Sarkophag, *Abbildung 14*) – zwei weitere Darstellungen. Links wird Abraham von Gottes Hand daran gehindert, den neben einem kleinen Altar vor ihm knienden Isaak zu opfern. In der Mitte steht, vor einem nur teilweise erhaltenen *parapetasma*, Grabvorhang, der in dem Sarkophag bestattete Knabe. Die Inschrift auf dem Deckel verrät, daß er der Sohn des Urbanus und der Justina war und sieben Jahre und acht Monate alt wurde. Er ist mit langärmeliger Tunika bekleidet und hält eine Schriftrolle in der Linken. *Siehe Abbildung 25.*

Andere Heilungen (5 Szenen)

61. Relief rechts auf der Front eines Sarkophags, Eglise Sainte Quitterie du Mas, Aire-sur-L'Adour, Mont-de-Marsan, Landes (Wilpert 1929–1936, Tafel 65, 5). Ende des 3. oder Anfang des 4. Jahrhunderts.

Rechts ein großer, bärtiger Mann mit Tunika und Pallium bekleidet, in der linken Hand eine Schriftrolle, der die Rechte auf den Kopf eines kleineren, nackten Mannes legt, der vor ihm steht und die rechte Hand nach ihm ausstreckt. Zwischen den beiden steht ein großer Baum, und im Hintergrund sieht man weitere Bäume über das gesamte Bildfeld verteilt, das sie jedoch nicht deutlich unterteilen. Auf dem Baum, den man im Hintergrund zwischen dem Heilenden und dem Heilung Suchenden sieht, meine ich, einen Vogel zu erkennen. Es wurde vermutet, daß es sich bei der Szene um eine Taufe handele. Eine gewisse Ähnlichkeit mit Darstellungen der Taufe mag beabsichtigt sein, doch scheint mir der Zusammenhang eher eine Deutung als Heilung nahezulegen, die eines nackten Besessenen etwa, wie bei Markus 9,14–19=Matthäus 17,14–21=Lukas 9,37–43a berichtet. *Siehe Abbildung 20.*

62. Relief auf einem Fragment aus der Front eines Sarkophags, Museo Nazionale Romano (Inventar-Nr. 106211), Rom (Deichmann, Nr. 767, S. 314–315, sowie Tafel 121). Ende des 3. Jahrhunderts.

Das Bruchstück zeigt eine mit Tunika und Palla bekleidete Frau, die nach rechts gewandt vor einem Stehenden kniet, dessen Pallium sie mit der rechten Hand berührt. Der Oberkörper dieses Stehenden ist weggebrochen, doch sieht man seine rechte Hand, die nach der rechten Hand oder der linken Schulter der Knienden greift. Bei der Darstellung soll wahrscheinlich die Heilung des blutflüssigen Weibes vergegenwärtigt werden (der Frau, die schon zwölf Jahre an Blutungen litt, von der man bei Markus 5,25–34=Matthäus 9,20–22=Lukas 8,43–48 liest). *Siehe Abbildung 24.*

63. Relief unten rechts auf einer von zwei polychromen Marmorplatten mit zweizoniger Friesdekoration, Museo Nazionale Romano (Inventar-Nr. 67606), Rom (Deichmann, Nr. 773a, S. 320–322, sowie Tafel 123). Ende des 3. oder Anfang des 4. Jahrhunderts.

Zwei junge Männer, bekleidet mit gegürteter Tunika,

tragen auf einer Liege, die mit einer hohen Rückenlehne versehen ist, einen dritten jungen Mann oder Knaben, der mit ausgestreckten Armen weit ausschreitend den rechten Fuß vorsetzt. Daß es sich hier um eine weitere Darstellung der Heilung des Gelähmten handelt, den man am linken Rand der Tafel sein Bett tragen sieht (siehe dazu die Erläuterung unter Nr. 57), ist wenig wahrscheinlich. Eher kann angenommen werden, daß hier die Erweckung des Sohns der Witwe von Nain dargestellt ist, wie bei Lukas 7, 11–17 berichtet. Wenn es sich so verhält, stand vermutlich am abgebrochenen rechten Ende der Tafel nach innen, den jungen Leuten zugewandt, die Gestalt Jesu, entsprechend der ebenfalls nach innen, also nach rechts schauenden Jesusfigur, die man am linken Ende der Tafel noch sieht. *Siehe Abbildung 17.*

64. Relief unten links auf einer von zwei polychromen Marmorplatten mit zweizoniger Friesdekoration, Museo Nazionale Romano (Inventar-Nr. 67 607), Rom (Deichmann, Nr. 773b, S. 320–322, sowie Tafel 123). Ende des 3. oder Anfang des 4. Jahrhunderts.

Links hockt oder sitzt, gebeugt, nach rechts gewandt, eine Frau mit bittend ausgestreckten Händen. Rechts vor ihr steht, bekleidet mit Tunika, Pallium und Sandalen, eine Schriftrolle in der linken Hand, ein bärtiger Jesus, der ihr die Rechte auf den Kopf legt. Auf der abgebrochenen linken Seite der Marmortafel sind hinter der kauernden Frau noch Fuß, Gewand und Hand eines Mannes sichtbar, der ein entrolltes Schriftstück hält. Dargestellt sind mithin höchstwahrscheinlich die Heilung der verkrüppelten Frau in der Synagoge am Sabbat und der darüber empörte Synagogenvorsteher, nach Lukas 13, 11–17. *Siehe Abbildung 16.*

65. Relief unten rechts außen auf einer von zwei polychromen Marmorplatten mit zweizoniger Friesdekoration, Museo Nazionale Romano (Inventar-Nr. 67 607), Rom (Deichmann, Nr. 773b, S. 320–322, sowie Tafel 123). Ende des 3. oder Anfang des 4. Jahrhunderts.

Links steht ein bärtiger Jesus, mit Tunika und Pallium bekleidet, eine Schriftrolle in der linken Hand. Mit der Rechten berührt er die Brust eines kleineren jungen Mannes, der, zu ihm aufsehend, rechts vor ihm steht, nackt bis auf einen Lendenschurz, und sich links auf einen Stab stützt. Dargestellt ist hier vielleicht die Heilung des Aussätzigen nach Markus 1, 40–45=Matthäus 8, 1–4=Lukas 5, 12–16. *Siehe Abbildung 16.*

QUELLEN

Apollonj-Ghetti: B. M. Apollonj-Ghetti, Antonio Ferrua, Enrico Josi und Engelbert Kirschbaum, *Esplorazioni sotto la confessione di San Pietro in Vaticano, Eseguite negli anni 1940–1949*, 2 Bde., Rom 1951

Bovini: Giuseppe Bovini, *I sarcofagi paleocristiani. Determinazione della loro Cronologia mediante l'Analisi dei Ritratti*, Monumenti di Antichità Christiana, II. Serie V, Rom 1949

Cüppers: Heinz Cüppers, «Das frühchristliche Gräberfeld von St. Matthias» und «Albanagruft unter der Quirinus-Kapelle», in: *Trier. Kaiserresidenz und Bischofssitz. Die Stadt in spätantiker und frühchristlicher Zeit*, S. 171–172, 178, 209, Rheinisches Landesmuseum Trier, Mainz 1984

Deichmann: Friedrich Wilhelm Deichmann, Giuseppe Bovini und Hugo Brandenburg, *Repertorium der christlich-antiken Sarkophage*, Bd. I, *Rom und Ostia*, 2 Tle., Deutsches Archäologisches Institut, Wiesbaden 1967

Gerke: Friedrich Gerke, *Die christlichen Sarkophage der vorkonstantinischen Zeit*. Studien zur spätantiken Kunstgeschichte im Auftrage des deutschen archäologischen Instituts, Bd. 2, hrsg. von Hans Lietzmann und Gerhart Rodenwaldt, Berlin 1940

Kraeling: Carl Hermann Kraeling, *The Christian Building*. Final report VIII, part II, hrsg. von C. Bradford Welles, in: *The Excavations at Dura-Europos Conducted by Yale University and the French Academy of Inscriptions and Letters*, hrsg. von C. Bradford Welles, New Haven und Locust Valley 1967

Marucchi: Orazio Marucchi, *Monumenti del Cimitero di Domitilla sulla Via Ardeatina*, 2 Bde., Roma Sotteranea Cristiana (Nuova Serie) I, 1, Rom 1909

Nestori: Aldo Nestori, *Repertorio Topographico delle Pitture delle Catacombe Romane*, Roma Sotteranea Cristiana V, Rom 1975

Styger: Paul Styger, *Die römischen Katakomben. Archäologische Forschungen über den Ursprung und die Bedeutung der altchristlichen Grabstätten*, Berlin 1933

Wilpert 1895: Joseph Wilpert, *Fractio Panis. Die ältesten Darstellungen des eucharistischen Opfers in der «Cappella Greca»*, Freiburg im Breisgau 1895

Wilpert 1903: Joseph Wilpert, *Die Malereien der Katakomben Roms*, 2 Bde., Freiburg im Breisgau 1903

Wilpert 1929–1936: Giuseppe Wilpert, *I Sarcofagi Cristiani Antichi*, 5 Bde., Monumenti dell'Antichità Cristiana pubblicati per cura del Pontifico Istituto di Archeaologia Cristiana, Rom 1929–1936

Buchanzeigen

John Dominic Crossan bei C. H. Beck

John Dominic Crossan
Der historische Jesus
Wer Jesus war, was er tat, was er sagte
Aus dem Englischen von Peter Hahlbrock
2. Auflage 1995. 630 Seiten. Leinen

Der amerikanische Bibelwissenschaftler John Dominic Crossan untersucht in diesem Buch das Leben Jesu mit seriösen Methoden. Er stellt dar, was wir über den historischen Jesus wissen können: wer er war, was er tat, was er sagte.

In einer Zeit, in der Wundertäter, Propheten, Terroristen und Anwärter auf das Königtum in Erwartung eines nahen Umsturzes – egal ob irdischer oder himmlischer Ursache – nichts Seltenes waren und in der Tausende als Gegner der römischen Staatsgewalt gekreuzigt wurden, war Jesus keine auffallende Erscheinung. Zur Besonderheit machte ihn erst die Bedeutung, die ihm ein wachsendes Häuflein von Anhängern beilegte. Das «Historische» ist darum für Crossan, wie eigentlich die Erzählungen über Jesus zustande kamen. *Süddeutsche Zeitung*

Die große Stärke dieses Buches liegt in der gut lesbaren Information über alle zeitgenössischen Unruhen in Palästina. Nirgends sonst wird dieses Stück alter Geschichte auch für Laien so gut verständlich dargestellt. *Frankfurter Allgemeine Zeitung*

John Dominic Crossan
Jesus
Ein revolutionäres Leben
Aus dem Englischen von Peter Hahlbrock
1996. 265 Seiten mit einer Abbildung. Paperback
Beck'sche Reihe Band 1144

Crossan sieht in Jesus einen radikalen Lehrer der Gleichheit aller Menschen, der die religiösen und politischen Mächte seiner Zeit dadurch herausgefordert hat, daß er predigte, jeder habe jederzeit und in seinem alltäglichen Leben Zugang zum Reich Gottes. Crossans Buch macht auch für den heutigen Leser verständlich, warum die Menschen zur Zeit Jesu gerade von diesem Prediger und Heiler so fasziniert waren.

Religion und Theologie

Peter Antes (Hrsg.)
Die Religionen der Gegenwart
Geschichte und Glauben
1996. 336 Seiten mit 2 Karten. Leinen

Karl-Heinrich Bieritz
Das Kirchenjahr
Feste, Gedenk- und Feiertage in Geschichte und Gegenwart
27. Tausend. 1994. 303 Seiten. Paperback
Beck'sche Reihe Band 447

Rudolf Otto
Das Heilige
Über das Irrationale in der Idee des Göttlichen
und sein Verhältnis zum Rationalen
53. Tausend. 1991. VIII, 229 Seiten. Paperback
Beck'sche Reihe Band 328

Henning Graf Reventlow
Epochen der Bibelauslegung
Band I: Vom Alten Testament bis Origenes
1990. 224 Seiten. Leinen
Band II: Von der Spätantike bis zum Ausgang des Mittelalters
1994. 324 Seiten. Leinen

Walter Schubart
Religion und Eros
Herausgegeben von Friedrich Seifert.
26. Tausend. 1989. 288 Seiten. Paperback
Beck'sche Reihe Band 400

Stephan Wehowsky (Hrsg.)
Die Welt der Religionen
Ein Lesebuch
1991. 300 Seiten mit 8 Abbildungen. Paperback
Beck'sche Reihe Band 470

Verlag C. H. Beck München